Eurus

Notus

日本の建築

隈 研吾

Kengo Kuma

Boreas

Zephyrus

岩波新書

1995

はじめに――死体ではなくナマモノとして

日本建築について書きたいとずっと考えていた。しかし対象はあまりに大きく、曖昧で、しかも二〇〇〇年をはるかに超える歴史がある。この国に建っているものは、二〇世紀のモダニズム建築を含めて、すべてが日本建築だとする見方もできるだろうし、モダニズム建築を受容するまでの伝統建築に対象を絞って、狭い日本建築論を書くことも可能であろう。広い日本建築論にしろ、狭い日本建築論にしろ、僕との距離がとても遠くに感じられ、つかみにくく、書きにくいものに思えて手がつかなかった。

国立競技場(二〇一九)の設計に携わることになったころに、一言で形容する必要にせまられたマスコミが、苦しまぎれに「和の大家」というニックネームで僕を呼び始めたが、この形容には強い違和感を覚えた。建築家の登竜門と呼ばれる建築学会賞を能舞台(登米《とよま》町《まち》〔現登米《とめ》市〕伝統芸能伝承館)の設計で受賞したり、銀座木挽町(中央区銀座)にある歌舞伎座の建て替えの設計に携わったので、「和の大家」という名前を思いついたのだろうが、「和」という言葉も「大家」という言葉も好きではなく、そんなものと一緒にされて不快だった。

しかしそう呼ばれてみてはじめて、自分が「和」ではないこと、ましてや「大家」でもないことを言わなければいけないと感じて、ついに日本建築論を書き始めた。この広漠とした大きな対象を分析するための補助線となっているのは、僕という具体的な建築家である。僕が作ってきた様々な作品、建築家として僕が生きてきた世紀の変わり目、変化と抑揚に富んだ時代の流れを補助線として書き始めると、思いのほか筆が進んだ。

どの時代、どの立場から眺めるかで、日本建築という過ぎ去ってしまったはずの過去が、まったく違った姿、違った貌《かお》で立ち現れる。日本建築は、僕らの生きるこの日常を様々に映し続けている鏡なのである。すなわち建築家たちが日本建築をどう捉え、どう表現したかに注目すると、その時代の特質、その建築家の置かれた立場がよく見えてくる。日本建築をひとつの鏡として記述すること――それは僕が生きてきた日々を映す鏡としての日本建築論であり、僕より少し前の日々を生きた先輩、大先輩の建築家が日本をどう捉えたかを通じて描く、ひとつの日本論である。そうすることで、日本建築が一種のナマモノとして浮き上がるのを感じた。ナマモノであるとは、社会的・政治的・経済的な存在として日本建築を再発見することである。

ナマモノとしての日本建築論の対極にあるのは、ご先祖様のようにありがたく、犯しがたい過去として日本建築を記述する方法である。その記述方法は、明治以降の西欧建築の導入と深い関係がある。当初はヨーロッパの様式建築、その後はヨーロッパ・アメリカのモダニズム建築が恐るべき勢いで日本に輸入され、日本の都市と田園の風景を一変させた。そのモダニズムの大きな波に対抗するために、日本建築を一種のおごそかな「死体」として取り扱おうとする動きが生まれたのである。西欧建築とはまったく別の次元に属する貴重な遺物として扱うことで、西欧の建築を批判し、西欧に対抗しようとしたとも考えられる。その態度から「和の大家」のような言葉づかいが生まれる。「死体」を取り扱う人々を「大家」として特別に扱い、奉り、そして差別化したのである。僕がそう呼ばれることに反感を覚えたのは、そのニックネームの背後に「死体」を感じ、死体化による議論の拒否・切断・不毛を感じたからなのである。日本建築の死体化は、具体的には正統的な「死体」を整列させるというプロセスをとった。伊勢神宮に始まって、桂離宮、待庵《たいあん》といったふうに、まっすぐ一列に正統的な「死体」を並べ、それを日本建築の唯一の系譜として神聖化していくのである。

そのようなシングルラインで日本建築を記述する方法は、明治から平成へと至る日本の近現代史とも深い関わりがあった。この国の歴史を眺めれば、そこにはシングルラインでは記述しようのない多様性があり、複線性に溢れているのは明らかである。しかし、ネーションステートのアイデンティティの確立を第一目標とした明治という時代は、複線性を切り捨て、日本を単純なシングルラインで記述して、それを問答無用の神聖なラインとして神格化したのである。

実際は、たとえば鎌倉時代は、京都を中心とする中央集権システムが崩壊して地方が覚醒し、江戸時代は、独自の文化と経済を有する藩という小さな単位が作る多極体であった。実際の建築物をみても、そもそも伊勢神宮からして、中国建築の影響の強い混成物である。式年遷宮ごとに形態やディテールが変わる伊勢神宮のデザイン史は、神聖なシングルラインでは描けない、乱雑なナマモノの混線である。それを、明治以降の近現代の日本は強引に「和」というシングルラインに押し込めて忘却し、神格化したのである。

いわゆる「洋」の建築の導入をはかる新興の「商社」も、「和」の歴史を守り伝えようという「骨董屋」も、ともにシングルラインの歴史観を歓迎した。「洋」サイドは冷たい死体として静かにしていてほしかったし、「和」サイドは由緒正しいおごそかなものとして尊敬されることが快適であり、ビジネスにもつながったのである。

今われわれは、その呪縛からやっと自由になりつつあるということもできる。そのきっかけのひとつが災害と感染症である。とりわけ、新型コロナウイルスの流行は、中央集権型・都市集約型の社会モデルの破綻を明らかにした。実は、二〇世紀後半の情報技術の進歩によって社会・文化・経済の求心構造は破壊され、すでに過去のものとなっていた。シングルラインはかなり前から破綻していた。にもかかわらず、ひとつの中心を疑うことなく、その求心構造の象徴である超高層を巨大都市に建て続けてきたわれわれの怠慢が、ついに打ち砕かれたことになる。今だからこそ、複線的で偶像破壊的な、ナマモノとしての日本建築論を描けるのである。

目次

I　日本という矛盾
——構築性と環境性

はじまりの木箱

その小さな木箱を、父親が最初に見せてくれたのは、小学生の頃であった。「ブルーノ・タウトという建築家を知っているか？」タウトという、ドイツの世界的建築家が、その小さな木の箱をデザインしたと父はつぶやいた。そもそも僕は、友だちの家のデザインが気になって、いじわるな目で家の内外を眺め、そのセンスと人品との関係を比較する、ひねくれた子供であった。そういう形で建築にたいへん興味があった。特に小学校四年生の秋、一九六四年の東京オリンピックで、丹下《たんげ》健三《けんぞう》設計の国立代々木競技場（第Ⅳ章図10）に出会ってからは、建築家になることを夢見て、建物をじろじろ眺めながら街を出歩き、都市や建築といった言葉がタイトルにある本を読みあさった。コンクリートと鉄でできた代々木競技場は、当時の僕を取り囲んでいた木造低層の建築群とは異質で、それゆえにかっこよく見えたし、建築家を志すきっかけになったからである。

そんな僕に父が見せてくれた箱は木製ではあるが、和風でもないし、かといってモダンデザインでもない不思議なデザインであった（図1）。父はそもそも和風には興味がなく、色が濃いめで、僕からすれば少しジジ臭い民藝風家具が好みであった。ジジ臭いとは、社会学的・政治

図1　タウトの木箱

的に翻訳すれば、家父長的で男性中心主義的ということになり、僕はその臭いに抵抗があって、子供時代から民藝にはなじめなかった。一方、日常使いの食器には、飾りも絵もない、白無地のモダンデザインだけを父は買いそろえていた。

タウトのものは、そのどちらでもなかった。円柱形という純粋な幾何学的形態だけを組み合わせた抽象的な形はモダンであったが、欅《けやき》の質感が暖かく感じられて、モダンデザイン特有の冷たさ、硬さはなかった。欅の色は明るくも暗くもなく中間的なもので、モダンデザインとも民藝とも和食器とも違っていた。

しかもどの部分も、きわめて薄く作られていた。木というリアルなマテリアルで作られていながら、そのリアルさを否定せんとする衝動に突き動かされるがごとく、すべてのパーツが薄くペラペラなのである。特定の社会階層、特定のジェンダーに分類できない矛盾

図2　焼印

に満ちた両義性が、なんとも不思議で魅力的だった。頭をひねりながら裏返してみると、「タウト／井上」という日本語の焼印が押してある（図2）。「なんだ、タウトとかいっても、実は日本製のコピーだったのか。井上って誰だろう」と、疑問がどんどんわいてきた。

タウトvs.フォルマリズム

その後、建築を専門に学び始めて、この不思議な木箱の正体も、そしてタウトという建築家の微妙なポジションも、そして井上《いのうえ》房一郎《ふさいちろう》（一八九八―一九九三）が日本の建築史で果たした役割も、少しずつわかってきた。ブルーノ・タウト（一八八〇―一九三八、図3）は、初期のモダニズム建築のリーダーであり、「モダニズムの巨匠」として並び称された、ル・コルビュジエ（一八八七―一九六五）、ミース・ファン・デル・ローエ（一八八六―一九六九）に数年先行し、鉄の記念塔（一九一三）、ガラスの家（一九一四、図4）という、素材をテーマとする二つの作品で世界的な評価を獲得した。工業化時代を代表する鉄とガラスというマテリアルを用いて、その新素材の造型的可能性を徹底して追究した二作品は、博覧会のための仮設パヴィリオンとして作られた。

図3　タウト

図4　ガラスの家(タウト，1914)

仮設であるがゆえに、実験的・挑戦的な形でマテリアルをつきつめ、世界を驚かせた。

しかし、その後の一九二〇年代、コルビュジエとミースは、コンクリートと鉄を主役としてよりシンプルで抽象的な形態を追究し、一気に建築界の頂点にかけ上がった。タウトは、モダニズム前夜の表現主義的造型の作家、すなわち「恣意的な形態を好む変人」と見做《みな》され、モダニズム建築の主役の座をコルビュジエやミースにあっけなく譲り渡した。

主役の座を追われたタウトは、コルビュジエとミースがはなばなしくデビューした一九二〇年代に、ベルリンの住宅供給公社ゲハークの主任建築家に任命された。第一次大戦敗戦後、ワイマール共和国の社会主義的建築のもと、労働者のために良質な住環境を確保することをめざした集合住宅——ジードルングと呼ばれた——の責任者として、一二〇〇〇戸に及ぶ数のジードルング(図5)

図5　ベルリン，ブリッツのジードルング(タウト，1925–1931)

の設計に携わった。ブリッツの集合住宅に代表されるこの時期のタウトの作品群は、コルビュジエやミースのようなシンプルで切れ味のある形態も、ミニマルで禁欲的な色彩もなく、一見地味で凡庸といっていいほどである。しかしやわらかな形態ややさしく暖かい色彩、ヒューマンなスケール感覚や緑との共存は、人の住む環境として、コルビュジエやミースの建築より、はるかに好ましいものだと僕には感じられる。そのブリッツの中庭の真ん中の、タウトがデザインした不思議な姿をした森の中で、僕は鳥の声を聞きながら、うたた寝をした。

しかしヒトラー政権は、左寄りで環境志向のタウトを「ボリシェヴィキ主義者」として危険視した。収監されることを恐れたタウトは、一九三三年三月一日、ベルリンを離れ、シベリア鉄道を経由し、五月三日、日本海に面する敦賀《つるが》港に到着したのである。

タウトが渡航先としてなぜ日本を選んだかについては諸

図6　サヴォア邸(コルビュジエ，1931)

説ある。一九三二年頃に、日本のモダニズム建築運動を先導していた「日本インターナショナル建築会」から招待を受けていたことは間違いがないし、日本を経由して、最終的にはナチスと対抗していたアメリカへの亡命を企てていたとの説もある。しかし最も大きな理由は、タウトが日本という場所に、漠然とした、根拠の曖昧な期待を寄せていたからであると、僕は考える。

タウトはコルビュジエとミースに代表されるモダニズムの建築家を、フォルマリストとして批判していた。コルビュジエとミースの戦略は、代表作であるサヴォア邸(一九三一、図6)のように、その場所、その地面から切断された目立つ形態(フォルム)を作ることであり、場所と建築とをつなぎ合わせるという最も重要なことをおろそかにしたと、タウトは批判した。彼のフォルマリズム(形態主義)批判の核心はここにある。モダニズムが切断主義であることをタウトは見抜き、切断することでフォルムだけを際立たせる戦略の暴力性を看破した。そのフォルマリズムを超えるために、タウトは、場所とひとつに接続された市民のためのやさしい家、ジードルングの設計に情熱を注いだ。しかし時の建築界は、ヒューマンで地道なジードルングには注目せず、コルビュジエやミースの切れ味のいいフォルマリズムを時代の寵児としてもてはやしたのである。

不本意の中で悶々とした状況を生きるタウトは、日本という、様々な意味で遠い場所に、一筋の可能性を感じた。そして、ナチス政権の登場という政治的偶然に背中を押される形で日本を訪れる。日本は、期待以上のものをタウトに与えてくれたのである。

桂離宮という「奇跡」

一九三三年五月三日に敦賀港に着いたタウトは、翌五月四日、日本インターナショナル建築会の面々と共に京都に入り、桂離宮を訪ねた。それはタウトにとって、人生における特別な日となった。その日は偶然にもタウトの誕生日でもあった。庭園に入る前、桂垣《かつらがき》と呼ばれる、生きた竹を編んで作られた、自然と人工との間に宙づりにされたような特殊な生垣を目にして、タウトは落涙したと伝えられている。

純粋で余計なもののない建築。心を打つ——無垢——そう、子どものように。今日のわれわれの憧憬の実現。

おそらく最もすばらしい誕生日であっただろう。

(*Bruno Taut in Japan DAS TAGEBUCH ERSTER BAND 1933.*)

桂離宮はタウトに、コルビュジエ、ミース流のフォルマリズム、暴力的な切断の建築に代わる新しい建築の可能性を見せた。そしてタウトは桂離宮を「奇跡」とまで呼んだ。その「奇跡」の本質を、タウトは「関係性の建築」とした。

この奇蹟の真髄は、関係の様式——いわば建築せられた相互的関係にある。

(ブルーノ・タウト『日本美の再発見 増補改訳版』岩波新書)

日本建築は形態の建築ではなく、関係性の建築であるというタウトの指摘は、その後いろいろな場面で僕にヒントを与え、僕を導いてくれた。タウトは庭園と建築との関係性が、その奇跡の源であることを見抜いていた。古書院(図7)の月見台の竹縁《たけえん》に代表される様々な接続装置が、庭園と建築、庭園と人間との「関係」を定義し、関係を創造していく。その関係の結果と

図 7　桂離宮，古書院，二の間から月見台と庭をのぞむ

して桂離宮は特別な存在となり、「奇跡」たりえることを、タウトは発見した。

工業化社会とは、商品を大量に生産し大量に販売して、経済をまわしていく社会である。そのシステムが必要としていたのは、わかりやすくシンプルな形態を有する商品であった。商品とは切断の別名であった。建築においても、そのような「商品」のデザインを得意としたコルビュジエやミースが、時代の寵児となったのである。「関係」のような曖昧で複雑なものを理解する情熱を、二〇世紀初頭の工業化社会は有していなかった。

桂離宮はロイヤルファミリーの一員である八条宮智仁親王によって造営された一種の宮殿である。しかし、この宮殿はある意味で驚くほどに質素であることにも、タウトは驚嘆する。

それならばヨーロッパの宮殿と、日本の「宮殿」との差異はどこにあるのだろうか。ヨーロッパの宮殿や城は、たとえきわめて小さいものにもせよ、いずれも階級を特示するという性格を帯びている。また宮殿の建設者は、庶民階級に対して、自己のもつ高い文化標準の模範を示そうとする意図を懐《いだ》いていた、――なるほどこのことは桂離宮にあってもまた同様である。しかしヨーロッパの宮殿には、宮廷生活と庶民階級との距離が著しく強調されている。確かに桂離宮にも、宮廷生活があった。けれどもここには、旧いヨーロッパに見られるような階級的距離はまったく認められない。(略)桂離宮はあらゆる決定的な点において、いかなる日本住宅よりも文字通り簡素である。

(前掲『日本美の再発見 増補改訳版』)

建築史家の藤岡通夫《ふじおかみちお》(一九〇八―八八)は、このタウトの指摘に答えるかのように、その著『京都御所』(中央公論美術出版)で御所の細部を徹底的に調査し、世界各国の宮殿建築との比較の上で、このように質素な宮殿建築は世界に例がないという一文で締めくくった。

以上で京都御所内の主要な御建物の拝観を終るが、そこに見られるものは平安朝の古制を伝える宮殿様式から、近世末期の宮殿様式に至る変化の多い建物群の連鎖である。(略)そしてそこには極めて簡素な、実用に終始した建築構造が見られるのであって、華美に走った威圧的な外国の宮殿とは全く異なった様式が見られることは、一つの驚異でもある。

藤岡の指摘は、タウトの発見した質素さを、日本建築の専門家の目で検証し、追認した文章とも読める。

何がこの簡素な住宅を、それにもかかわらず特別なものと感じさせるのか。庭園との関係性がすべてであることを、タウトは見抜いたのである。形態ではなく、関係性こそが、豊かさの源だった。

桂離宮、伊勢神宮vs.日光東照宮

この発見に基づいて、タウトはさらに、日本の伝統建築全体を大胆に整理していく。タウトは桂離宮(図8)と伊勢神宮が、日本建築の良質な部分、モダンな部分を代表すると見做して賛美した。逆に日光東照宮(図9)を、日本建築の悪趣味でキッチュな部分の代表として批判した。この二つの日本文化の根源を、タウトは宮廷文化と武家文化との対立に求めた。桂離宮と伊勢神宮はともに天皇家の文化、すなわち王朝的なるものと深く関わっており、東照宮は江戸幕府、すなわち武家の文化と深くつながっているとタウトは結論づけ、日本を整理した。

図8　桂離宮

図9　日光東照宮

日本の伝統文化の中に、二つの対極的なものを見出そうという試みは、タウトに始まるものではない。その二項対立型日本論の根源にあるのは、日本が中心ではなく辺境に位置し、強力なる中心の影響に犯され、翻弄され続けたという、ある種の被害者意識であり劣等感であると僕は推測する。そしてこの被害者意識は、翻弄されつつも本質においてしなやかであり不変であった日本という一種の選民意識へと容易に反転した。

被害者意識と選民意識とが複雑に入り混じりあったアマルガムは、日本人の心の風景であり続けた。古くは、中国の歴史書にならって漢文で書かれた『日本書紀』の大陸的世界観が、変体漢文で書かれた『古事記』のドメスティックな世界観と対立し補いあった。本居宣長は外来的な儒教の教えを「漢意《からごころ》」として批判し、逆に「もののあはれ」を日本固有の情緒であるとして称え、『古事記』研究にいそしんだ。

その意味でタウトの日本論は、『日本書紀』vs.『古事記』という宣長の二項対立を、無意識のうちに継承したものであった。彼は宣長を読んではいなかったが、意識しないままに「もののあはれ」を受け継ぎ、庶民文化ともつながる質素な王朝文化を称賛し、後につづく成金的な武家文化を貶めた。

伊東忠太の反逆

日本の建築論の長い歴史において、この二項対立は繰り返された。数寄という美学を完成させたといわれる千利休は、規則正しく柱が立ち並ぶ、書院造のシステマティックな固い形式を批判し、貧しく飾らない民家を賛美した。「もののあはれ」の延長上に、庶民的でやわらかい数寄の美学が生まれた。

明治以降も、この手の二項対立型の排他的な日本論は、手を替え品を替え繰り返された。「漢意」と「もののあはれ」の一方が賛美され、一方は貶められた。明治に西欧の建築教育を範として、富国強兵のための工学教育の中心地として創立された東京大学の建築学科においては、国家と深く結びついた奈良の古い寺社建築のみが重視され、「もののあはれ」を代表する茶室は個人的で趣味的なるものとして、研究の対象とすることさえ認められなかった。一九二〇年設立の京都大学建築学科の基礎を築いたといわれる建築家武田《たけだ》五《ご》一《いち》（一八七二―一九三八）は、自らは東大出身であったが、東大の歴史観に異を唱えて茶室研究を奨励し、不規則なもの、個人的なるものを重要視する新しい建築教育を、京都の地で創始した。

ただし東大建築学科で教鞭をとっていた僕の立場からひと言付け加えさせてもらえば、お雇い外国人のジョサイア・コンドル（一八五二―一九二〇）を中心とする、西欧建築の教育機関としてスタートした工部大学校（後の東京大学）建築学科には、伊《い》東忠太《とうちゅうた》（一八六七―一九五四、図10）という反逆者がいた。伊東は、コンドルを筆頭とした西欧建築中心の「漢意」体制の中で日本建築史をはじめて教え、自らも築地本願寺(一九三四、図11)に代表される、日本vs.西欧という分類さえも嘲笑するような独創的建築を設計した。

伊東は法隆寺が日本最古の寺院建築であることを実証的に示し、さらに法隆寺の柱の中心部の膨らみが、古代ギリシャ建築のエンタシスに由来するという説を唱えて(一八九三)、建築界を超えた広い反響を得た。伊東は何の具体的根拠も示さずに突如、このエンタシス説を発表した。にもかかわらず、人々はこの珍説に飛びついたのである。武田五一に通じる京都の和辻哲郎《わつじてつろう》の『古寺巡礼』(一九一九)で紹介されたことで、伊東の珍説は専門家を超えて、人々を興奮させた。

図10　伊東忠太

伊東、和辻は西欧世界のコア中のコアであるパルテノン(図12)と法隆寺を突然つなげることで、日本建築に光を当てた。タウトは桂離宮、伊勢神宮をギリシャのパルテノンに通じる傑作と断じたが、伊東はタウトのはるか前に、法隆寺の円柱とパルテノンの円柱を強引に結びつけ、西欧に学ぶことを強要させられていた日本人の鬱屈を、一挙に解き放った。

そのようにして日本建築は、西欧人からは自分探しの鏡として、日本人からは自己肯定の材料として、たびたび光を当てられ、一種の精神安定剤としてしばしば利用されてきたのである。

図11　築地本願寺(伊東忠太，1934)

西欧に限界を感じた不遇の西欧人のフラストレーションと、西欧の輸入に不満と屈辱を感じた日本人のフラストレーションとが響きあい、熱く盛り上がる。タウトと伊東忠太は、西欧化がもたらす大きな社会的ストレスのもと、同型の心理的仕掛けを用いて西欧と日本をつなぎ、西欧化に疲れた日本人の喝采を浴びたのである。

そしてその「日本発見」のあとで、伊東とタウトは、その喝采の責任をとるかのようにして、日本とギリシャをつなぐ中間項を探る旅にでた。伊東は、留学先はヨーロッパしか認めないという当時の明治政府の方針に反して、中国、インド、トルコへと旅し、さらにアジアへの調査旅行を敢行した。タウトは日本滞在の後トルコに移り、トルコ大学で教鞭をとって、日本風の八角屋根の載った不思議な自邸(図13)をボスポラス海峡の見える丘の上に設計し、日本と西欧との中間項の具体化に挑みながら、その志半ばで、八角堂を残してトルコに客死した。

和辻、武田に代表される反中心的な京都の空気の中で生まれた日本インターナショナル建築会が、左のタウトを日本に招待し、タウトが彼らの案内で桂離宮を訪れたことは一種の歴史の必然であったようにも感じられる。フォルマリズムとはなじまなかったウィーンのヨゼフ・ホ

図12　パルテノン神殿

図13　トルコのタウト自邸(1938)

フマンの下で学んだ建築家、上野《うえの》伊《い》三郎《さぶろう》（一八九二―一九七二）を中心とするインターナショナル建築会の、反中心的で反「漢意」的な空気がナチスを追われた左のタウトと共鳴したのである。その共鳴が、最終的にはタウトを中間項の追究へと向かわせた。

西欧の二項対立

念のためにつけ加えれば、被害者意識に由来する二項対立型の文化論は、決して日本だけのものではない。外来的・後発的なものと本来的・根源的なものとが対立するという歴史観は、歴史の中に引かれる最もポピュラーな補助線であり、最も安易でわかりやすい。

たとえばクラシシズム（古典主義）vs.ゴシックという二項対立も、その一種であった。その対立は西欧の建築界にとって、最大の関心事であり続けた。古典主義建築は古代ギリシャ・ローマ由来で、ルネサンスで復活をとげた、最も正統的で最も論理的な建築様式であるという考えが一方にあり、逆に古典主義建築は外来的で人工的なものであり、ゴシック建築こそがヨーロッパという場所、庶民の伝統とつながった、深く根源的な様式であるという考え方もあった。この論争はヨーロッパとはそもそも何なのかという議論ともつながり、その決着はほとんど不可能であった。当の西欧の中にすら、被害者意識と劣等感は存在し、「漢意」と「もののあはれ」に通じる二項対立がくすぶり続けたのである。それは本書の中で繰り返される「構築的なるもの」と「環境的なるもの」、「先進的なるもの」と「後進的なるもの」という、普遍的な議論のひとつの変奏曲であった。

二〇世紀には伝統建築vs.モダニズム建築という二項対立が生まれた。クラシシズムにしろゴシックにしろ、伝統建築は過去の様式を惰性のままに継承し、実際の生活とは乖離した不自然なものであり、モダニズム建築こそが、現代の生活様式を正直に反映した最も本来的なものであるというのが後者の主張であった。モダニズムの美学は、勃興する工業化社会を正当化し、合理化するロジックの産物にほかならない。

このような二項対立の議論に慣れ親しんでいたタウトは、この議論の形式を、目の前にあらわれた桂離宮と東照宮にそのまま当てはめた。建築美学もまた、その時代、その場所に限定されざるを得ず、時代と場所から自由ではありえない。そして、日本の伝統建築をどう見るかという美学的判断もまた、その時代から自由ではありえなかった。美学こそ、最も時代に制約され、その時代の政治・経済に制約されるのである。

その結果として、一九三三年の京都という時代と場所が、タウトの桂離宮賛歌と東照宮批判を生んだ。やんごとなき天皇家と通じる王朝的なるものは賛美され、軍部を彷彿とさせる、武家的なるもの、徳川的なるものは批判されたのである。タウトは、その根拠として庭園を中心とし主役とする桂離宮の環境的構成と、その粗末ともいえる建築物の庶民性を挙げた。

タウトによって桂離宮は「発見」され、日本を代表する唯一無二な文化遺産となったともいわれるが、実際には、一九三三年の時点で、桂はすでに京都を代表する文化遺産とみなされていた。しかしその時、桂はもっぱら造園、ランドスケープの世界でのみスターコンテンツとして重要視され、建築として論じられてはいなかった。したがってタウトは決して桂を「発見」したわけではなく、「庭」であった桂を「建築」の桂へと転換し、移動したのである。しかしその移動こそが建築史の一大転換であったと、僕は考える。

その移動のきっかけは、建築自体は庶民的なおとなしものでしかあり得ず、庭のデザインによって空間全体の質を上げていくしかなかったローコスト公営住宅(ジードルング)を設計した体験にあった。タウトはすでに、彼の代表作であるブリッツの集合住宅で、建築によってではなく庭によって、人間と自然を結びつけることに成功していたのである。

建築形態の暴力的な切れ味で建築界のスターとなりあがっていったコルビュジエやミースに対して、タウトは「庭」を作ることを試みた。予算のない公営住宅だからこそ、「庭」という方法を手中にすることができた。桂離宮という強力な相棒を手に入れたことで、タウトは反撃の確かな糸口をつかみ、「人生最高の誕生日」を獲得したのである。

日本と西欧の距離と反撃

日本の伝統建築は、しばしばこのような形で、さまざまな反撃の武器として発見されてきた。その時代、その場所で、日本建築の複雑な多様性のなかから何か一つの特質が発見され、反撃の武器として利用されてきたのである。その意味で日本建築は時代を映す鏡であり、状況を映す鏡であった。文化的状況のみならず、社会・政治・経済の鏡だったのである。

その発見と反撃の関係性は、西欧と日本との距離に由来すると僕は考える。日本は物理的にも、そして文化的にも西欧からきわめて遠い。近くのものを批判し、反撃しようとした時、遠くのものほど大きな力となる。身近なもの同士の対立を卑小なものと見せる力を、遠くのものは秘めている。距離と反撃の力は反比例するのである。日本の遠さは、その意味で貴重だった。日本という鏡は、その遠さゆえに、たびたび反撃の道具として利用されてきたのである。

そして重要なことは、この鏡は単に西欧によって参照されただけではなく、しばしば西欧そのものを実際に変革したということである。タウトによる「庭」と「質素」の発見は、西欧の建築デザインにも実質的で大きな影響を与え続けた。そして、西欧に対してだけではなく、当の日本に対しても、その発見はブーメランのような回帰軌動を描いて、大きな影響を与えたのである。

人は自分のことが一番わからない。自分の場所が一番わからない。誰かによって発見、移動されることを通じて、人ははじめて自分を知るのである。タウトの発見は事実、その後の日本建築にも大きな影響を与え、日本建築を変えていった。

タウトによって桂離宮は庭園の名作から、建築ジャンルの名作へと移動された。タウトの後、日本人は桂の中にさまざまな構築的美・建築美を発見していった。桂が建築へと引き寄せられて、その中の建築的仕掛けが発見されていくのである。その中でも代表的なものは、サンフランシスコに生まれシカゴでモダンデザインを学んだ、写真家石元泰博《いしもとやすひろ》（一九二一—二〇一二）によるモノクロの写真集『KATSURA』（一九六〇、図14）と、丹下健三、川添登《かわぞえのぼる》（一九二六—二〇一五）のテキスト、渡辺義雄《わたなべよしお》（一九〇七—二〇〇〇）の写真による『伊勢——日本建築の原形』（一九六二）の二冊である。この二冊は、単に桂と伊勢の発見にとどまらない大きな影響を与え、戦後の日本建築デザイン、その後の日本のモダニズム建築に決定的な影

図14　1960年造型社より出版された初版の後，71年に刊行された『桂』（石元泰博写真，丹下健三文，中央公論社）に見える「白いヴォリューム」とモダンなコンポジション

響を与えた。

日本のサヴォア邸

石元が撮影した桂離宮は、細い柱によって持ち上げられた白いヴォリュームである。二階が主階となり、一階を階高の低いサーヴィス空間とした桂の古書院の構成は、モダニズム建築の最高傑作とされてきたコルビュジエのサヴォア邸(図6)の、ピロティで持ち上げられた白いヴォリュームを想起させた。実際には、このようにすべての障子を閉め切って使用することは不自然であり、障子は開け放たれて使われることの方が一般的であっただろうが、石元はすべての障子を閉じて、「日本のサヴォア邸」を作りあげたのである。さらに石元は桂の勾配屋根を写真の構図からフレームアウトさせて、桂をモダニズム建築と同様にフラットルーフとして擬装するという、ギリギリの操作にまで踏み込んでいる。その結果捏造された白いヴォリュームは、ミースのカーテンウォールと見まがうような黒いシャープなフレームによって分割され、そのプロポーション、コンポジションは、ある意味でミース以上に「モダン」であった。すなわちタウトによって「建築」へと移動させられた桂の中に、石元をはじめとするモダニストたちは、さらにさまざまにモダンを発見し、捏造を積み重ねていったのである。

モダニストたちによる桂の再解釈は、そもそもきっかけを作ったタウトからすれば、決して満足できるものではなく、むしろ不快だったのではないかと僕は想像する。タウトはコルビュジエやミースの形態主義に対するアンチテーゼとして桂の関係主義を称揚した。しかし、その「発見」の後に、コルビュジエ、ミースのフォルマリスティックな方法に追従する人々は、桂をフォルマリスティックなやり口で大げさに褒め称え、神話を肥大化させていったのである。「形態」に代わって「関係」という未知の方法を探し求め、「建築」という人工物を否定して、「庭」という大きなフレームへの回帰を試みた純真なドリーマー、タウトは、裏切られたように感じたに違いない。

実際には、その裏切りの起こるずっと前に、タウトはトルコの地で亡くなっている。そしてその裏切りは、戦後日本という特殊な場所、そして、その場所を支配し続けた冷戦という特殊な状況とも深くつながっていく。冷戦は裏切りを加速させ、結果として、日本の戦後建築を具体的に変質させ、ゆがませていったのである。

丹下健三「大東亜建設記念営造計画設計競技」一等案

大きな建築史的な流れの中でみると、タウトが試みた「移動」は、ウィーン、ドイツの北方的美学の産物ともいえる。そこでは一九世紀末から二〇世紀初頭にかけて、実証的・構築的な美学に代わって、空間的・行為的・環境的な美学を唱える動きが顕在化した。ハインリヒ・ヴ

図15 『アルプス建築』のドローイング(タウト, 1919)

エルフリン、アロイス・リーグルらのウィーン学派はその代表であった。それはイギリス、フランスを中心とする、産業革命に早々と成功した「勝ち組」が主導した実証的・構築的な方法に対する、オーストリア、ドイツなどの「負け組」の反発であった。先進組の西欧的明るさに対し、後発組は北方的・内向的な精神性に基盤を置く、新しい芸術、新しい文化を言挙げしたのである。

タウトは建築において、その北方性をリードした。アルプスの谷間、山頂を敷地として、壮大で幻想的な建築の構想を描いた。タウトの『アルプス建築』(一九一九、図15)のドローイングは、北の反撃の、象徴的な作品であった。

この北方的・空間的・環境的な流れに、戦前の日本で最も鋭く反応したのが、東京大学の建築学科の同級であった浜口隆一《はまぐちりゅういち》(一九一六—九五)と丹下健三(一九一三―二〇〇五)である。丹下の根底に隠れていた北方的要素が最もはっきりとうかがえるのが、幻のデビュー作といわれる「大東亜建設記念営造計画設計競技」一等案(一九四二、図16)である。

真珠湾攻撃(一九四一)の翌年、戦時中のナショナリズムの高揚の中で、一つの設計競技(コンペ)が日本建築学会によって主催される。このコンペで、丹下の提案は一等を獲得した。富士山を仰ぎ見る、霞《かすみ》たなびく山麓の神域を描いた丹下の完成予想パースは、審査員の心を射貫く。丹下の名付けた名称は、「大東亜道路を主軸としたる記念営造計画――主として大東亜建設忠霊神域計画」である。丹下にとっては、建築物よりも神域としてはるか遠くの富士山までを貫くことが重要であった。丹下は設計主旨の中でその非建築的・非構築的意図を強調する。「ピラミッドをいや高く築き上げることなく、我々は大地をくぎり、聖なる埴輪をもって境さだめられた墳墓のかたちを以って。一すじの聖なる縄で囲むことによって、すでに自然そのものが神聖なるかたち」(「忠霊神域計画主旨」『建築雑誌』一九四二年十二月号)をなしていることを丹下は暗示した。これはまさに、ドイツ、オーストリアをはじめとする産業革命後発組、すなわち負け組の、非構築的・北方的・環境的な方向性への全面的な賛同表明であった。

しかし同時に、丹下は「神域」の中に、露骨なほどにはっきりと、強い軸を貫通させた。軸線(アクシス)という概念は、近代的都市計画の中心となった概念であり、産業革命的な成長思

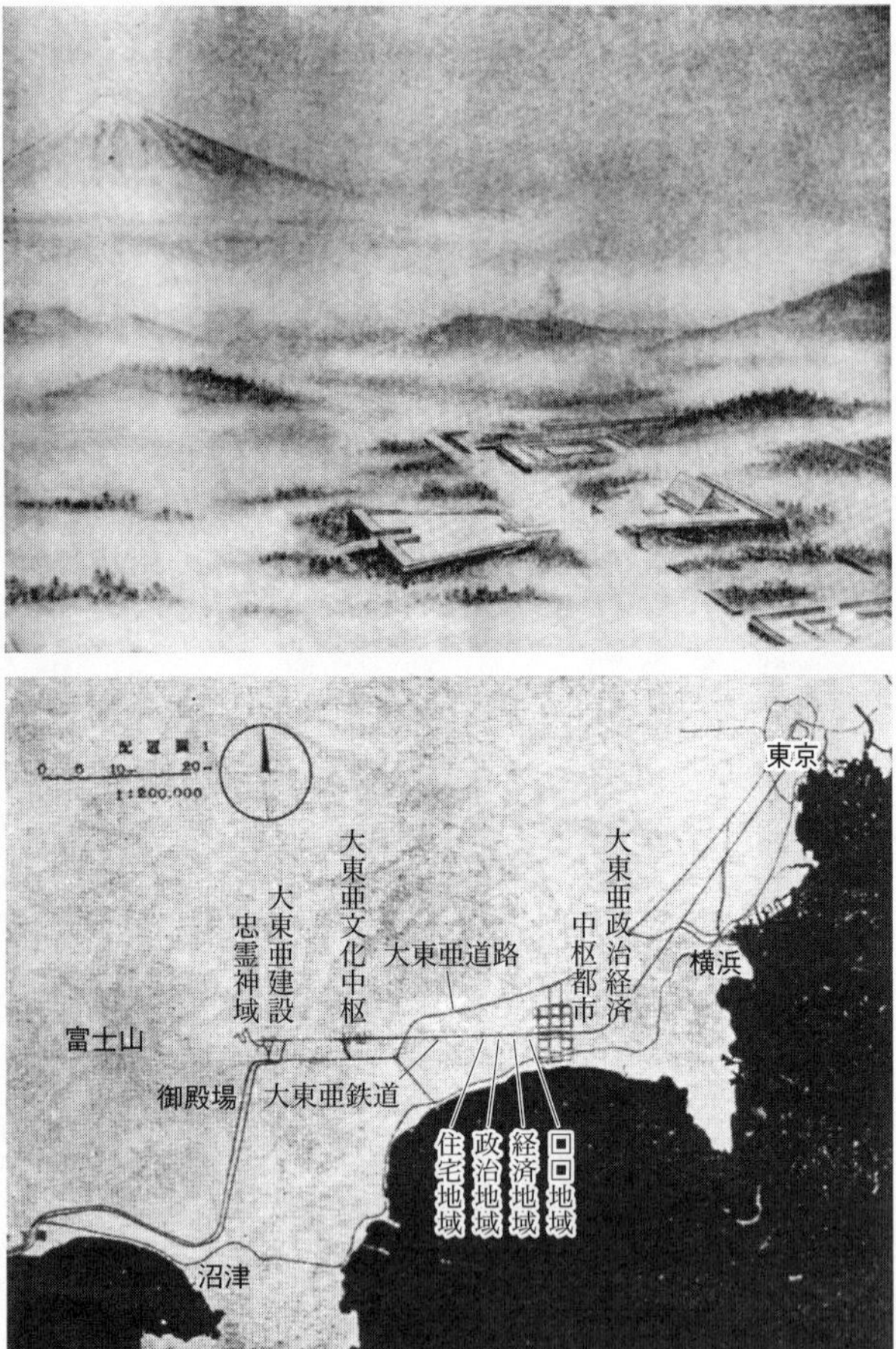

図 16　「大東亜建設記念営造計画設計競技」一等案(丹下健三，1942)

想を都市計画的に翻訳したものであった。その意味で、丹下の「大東亜」は、近代的都市計画のプロトタイプといわれるトニー・ガルニエ(一八六九―一九四八)の工業都市(一九一七)の継承そのものであり、勝ち組の方法の継承でもある。

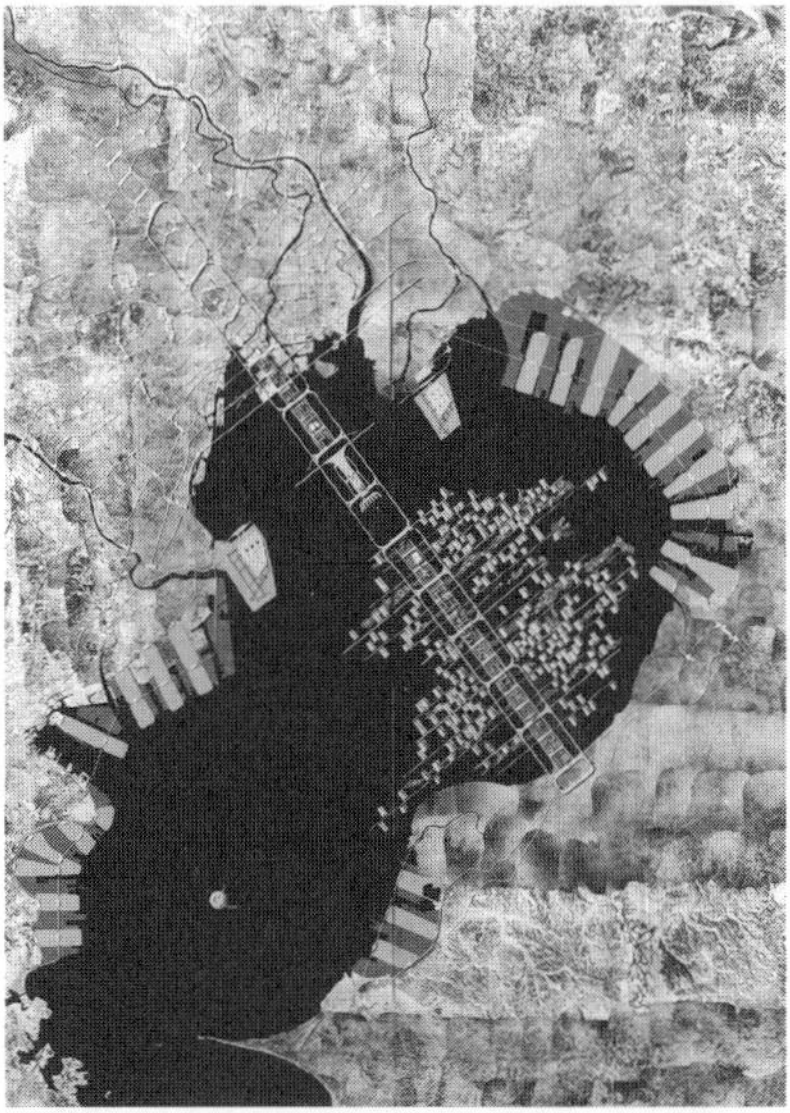

図17 「東京計画1960」(丹下健三，1961)

丹下の矛盾と伊勢神宮の両義性

勝ち組のガルニエ譲りの丹下の軸線志向は、戦後、高度成長のピークを迎える一九六一年に発表された「東京計画一九六〇」(図17)に継承されていく。「東京計画一九六〇」は、精神性や環境志向とは一見正反対の、拡大志向・成長志向とも見える。丹下という建築家はそもそも矛盾を内包していた。あるいは日本という場所がそのような矛盾を内包し、それが丹下という建築家の繊細な感性を媒介として形象化され、作品に昇華されたともいえる。

さらに丹下の矛盾にわけいっていくならば、非建築的な装いをまとった「大東亜」にも、しっかりと「建築」は描き込まれている。神域にそびえ立つ建築は、タウトが桂離宮と並べて世界的建築として絶賛した伊勢神宮と同じ姿をしている。丹下は、北方性を強調したコンペの解説文の中では「ピラミッドをいや高く築き上げること」を厳しく否定しながら、なぜかとんがった切妻《きりつま》屋根の伊勢神宮を堂々と描き込んだのである。

丹下の美しいドローイングを見ていると、その原型となった伊勢神宮そのものに内包される両義性、矛盾が浮き上がってくる。丹下が先進的・西欧的・構築的なるものと、後進的・北方的・環境的なるものの矛盾を止揚したように、そしてその両義性によって戦後日本という矛盾に溢れた時代のスターとなったように、伊勢神宮を建設・整備した天武天皇、持統天皇もまた、先進的・中国的なるものと、後進的・土着的なるものとの矛盾を、伊勢神宮という美しくも不思議な建築を通じて昇華し、解決したのである。

伊勢では建築以上に、神域の領域性が強調される。神域は端垣《みずがき》、内玉垣《うちたまがき》、外玉垣《とのたまがき》、板垣《いたがき》という四重の垣根によってまず強調され、さらに、御敷地《みしきち》には白い御白石《おしらいし》と黒みを帯びた清石《きよいし》の二種類が敷き詰められた。加工を施していない自然の石そのものを用いた非構築的・環境的な手続きによって、領域が念入りに確定されていく。式年遷宮ごとに御白石を取り替える御白石持行事は、まさに伊勢神宮の非構築的で行為的な本質を象徴する。式年遷宮によって二〇年ごとに御敷地が移動するというシステム自体が究極的に行為的である。建築という物質的で構築的であるはずのものを、そのまったく逆の、精神的で行為的なものへと反転するのである。式年遷宮そのものが、矛盾の芸術的表現であった。

にもかかわらず、伊勢神宮(図18)の建築そのものを詳細に検討すれば、シンボリックな太い円柱を単位とする列柱構造は、その時代のわずか前に仏教と共に中国から伝わった外来的な建築デザインそのものであり、構築的な強い存在感をアピールする。しかしその中国的・漢意的な柱を主役とする構成をとりながら、伊勢の柱は中国や古代ギリシャの列柱のように一段上げられた基壇の上には置かれずに、穴を掘って直接大地とつながり、その原始的な掘立て柱が、古代の穀物倉庫のように高く上げられた床を、軽々と持ち上げるのである。基壇による基準平面の確定という幾何学的・近代的な操作を経ずに、柱は石ころという裸の自然に直

図18　伊勢神宮，内宮，正殿

接突きささる。建物の側面に一本立てられた孤独な棟柱《むなばしら》もまた、大地に突きささって、大地と天とを、土と空とを、あたかも古代のストーンヘンジのように、直接的につなぐのである。

様々な意味で伊勢神宮は中国的・構築的なるものと、土着的・環境的なるものの中間に宙づりにされている。そしてその後の伊勢神宮に、式年遷宮のたびに密かに加えられた様々な改変は、その矛盾し対立する二つのものの狭間に位置しながら迷い続けていた、日本文化の象徴のようにも見える。同じように揺れ続け、変化し続けてきた天皇制の建築的翻訳物そのものにも見えるのである。

しかしすべての建築とはそもそも矛盾の産物であると、僕は考える。言語の世界では矛盾としか見えてこない対立を、建築という世界に移しかえると、なぜか矛盾とは感じられずに、ひとつの調和と感じられることを、僕はしばしば体験してきた。この不思議な一瞬を期待しているからこそ、人々は建築を建て続けるのかもしれない。その意味で伊勢という奇跡的建築は深い矛盾の産物なのである。

式年遷宮は二〇年ごとの正確なデザインの反復では決してなかった。様々な微調整と変更が繰り返され、戦乱等による遷宮の中断や記録の消滅も幾度となくあった。現在も木の端部に金色に光る真鍮の金物が取り付けられている箇所が多いが、金物の個数は時代によって大きな変遷があり、もっとピカピカで派手な時代や、高欄《こうらん》が中国風な朱色に塗られていた時代、天と地をつなぐ棟持柱《むなもちばしら》がない時代すらあった。

床面積も時代によって大きく増減しているし、建築の印象に大きな影響を与える屋根の勾配も、現在は四五度(すなわち一〇寸勾配)であるが、平安中期から一四世紀にかけては、鋭角的で、より構築性・象徴性の高い三分の四勾配であったといわれる。

レヴィ＝ストロースの着眼点

一九七七年に初来日したレヴィ＝ストロース(一九〇八―二〇〇九)は伊勢神宮を参拝した際、勾配のきつい茅葺《かやぶき》屋根の上の千木《ちぎ》や堅魚木《かつおぎ》などの突出物に着目し、砂時計を想起させるX状の屋根は宇宙の形を再現したもので、屋根の棟より下が地上世界であり、それより上の千木が天上界、そして千木の先には、神々が住まう高天原《たかまがはら》があると推論した(出口顯『レヴィ＝ストロース』河出ブックス)。

同じ砂時計型屋根が、中国、シベリア、コロンビア、インドネシア、フィジーにも分布していることをレヴィ＝ストロースは記述している。僕はいくつかの建築――たとえばV＆Aダンディ(二〇一六)、角川武蔵野ミュージアム(二〇二〇)――で砂時計型にたどりついた。砂時計型にはしばしば渦の要素、すなわち回転という操作が加わることも、レヴィ＝ストロースは指摘している。今振り返れば、砂時計型と渦型の組み合わせに導かれて、僕はさまざまに大地と天とをつないできたことになる。伊勢における中国的・構築的なものと、北方的・土着的なものの対立を、南方の島々の魔術的手法を用いて調停しようとしたのかもしれない。

伊勢では、千木、堅魚木も変化し続けた。奈良時代末期と比較すると、堅魚木は長さで三〇パーセント、大きさで二〇パーセントほど増加している。屋根上部に関していえば、伊勢は天上界のヴォリュームを相対的に拡大させ、北方性・環境性は減少し、ピラミッド的な象徴性の比率をアップさせている。

しかし、さまざまな変化は、伊勢神宮の正統性を少しも汚すものではないと、僕は考える。伊勢神宮は迷い続けながら、誰もが納得するバランスに近づこうと揺れるのである。その迷い、揺れこそが、伊勢神宮の正統性の印であり、その迷いの深さに人々は魅了される。伊勢を建立した天武・持統帝は、そのような永遠の修正システムを、伊勢神宮という、ひとつの建築の中に埋め込んだのである。

それは、天武帝による歴代遷宮制度の廃止という歴史的決断とも深く関わっているように感じられる。天武帝以前は、代替わりごとに王宮が新しい場所に建設され、新大王はそこに移り住んだ。そのシステムが歴代遷宮と呼ばれた。しかし王の更新よりも、王権の持続性を重要視した天武帝は、恒久の都としての藤原京の建設に着手し歴代遷宮に終止符を打つ。天武帝は日本という国家にとって、重要な一歩を踏み出した。並行して、あるいはその変更を補完するか

図 19　旧日向別邸(タウト，1936)

のようにして、持続しながら更新されるというシステムを埋め込み、二〇年ごとに造替する式年制が定められた。

それは政治と宗教との絶妙な一体化であり、恒久的で構築的なる建築という存在と、環境志向的で現象的なるランドスケープとの一体化であった。二つのシステムが一つにされ、強引に融合される。その対立と矛盾のはてしない継承こそが、日本というシステムなのである。

きわめて環境的・庭園的で反構築的な伊勢と桂に、タウトという迷える魂は打ちのめされた。それはある意味、歴史の必然であった。しかしタウトの迷いを、世界は評価しなかった。構築性と現象性とに引き裂かれたタウトの迷いの結晶体ともいえる熱海の旧日向別邸(一九三六、図19)は、日本の建築界からまったく評価されず、キッチュな日本趣味と酷評された。迷いを許容しなくなってしまった日本をタウトは去り、日本でも西欧でもない場所、トルコへと旅立っていった。そしてトルコでの模索も、その突然の死によって、中断されてしまったのである。

II

革命と折衷——ライト、藤井厚二、堀口捨己

ライトによる転倒

日本建築は、さまざまな場所と時間の中で、それぞれの人間の都合に応じて定義され、時に発見された。忘れてはならないのは、日本建築が日本人だけのものではないということである。さまざまな場所には、当然のことながら、日本以外の場所も含まれたし、定義し発見する主体は日本人だけではなかった。その世界スケールの交錯の中で、日本建築という多様で豊かなものが発見され、創造され続けてきたのである。

一九三三年の京都という場所で、ナチスから逃れてきた左寄り、すなわち社会主義的・北方的・環境主義的なタウトが発見したのは、徹底的に質素で、しかも「庭」を主役とする日本建築であった。さらにタウトは日本の中に「モダンな王朝文化」vs.「キッチュな武家文化」という二項対立を見出した。タウトは桂離宮や伊勢神宮に北方的なるものの極致を見出し、構築的なパルテノンに匹敵する世界の宝であるとまで絶賛した。

ここでタウトは、まったく無意識のうちに、明治以来の西欧中心史観を転倒させた。「先進的な西欧建築」vs.「後進的な日本建築」というヒエラルキーを転倒させたのである。興味深いのは、日本人ではなく、西欧人の手によって転倒が提案されたということであり、その転倒をサポートしたのは、タウトの近くにいた左寄りの人々だった。京都を拠点とする日本インターナショナル建築会の人々をはじめ、左の人々を媒介として、タウトと京都とが響きあった。その左寄り、北寄りの日本観は、戦前の若き丹下健三にも大きな影響を与え、丹下を媒介として戦後の日本建築にも大きな影を落としていった。

　タウトが訪れた戦前という特殊な時間の中で、もうひとり、西欧と日本の転倒を行った重要な建築家がいる。彼の名はフランク・ロイド・ライト（一八六七―一九五九、図1）。二〇世紀のモダニズム建築の巨匠の一人に称せられた、超大物である。二〇世紀のアメリカを代表する建築家であり、帝国ホテルの二代目本館（一九二三）の設計者として、日本にも大きな足跡を残した。彼はどのようにして日本と出会い、西欧建築の上に、日本建築を置こうという発想を得たのか。

図1　ライト

　きっかけは、一八九三年のシカゴ万博の日本館であった。シカゴ万博の日本館は、宇治の平等院を模して、日本人の大工の手によって建設された本格的な日本建築であり、鳳凰殿（図2）と名付けられていた。その建物がライトの作風に与えた大きな影響は、すでに一九五〇年代からアメリカの建築史家によって指摘されている。庇《ひさし》が大きく飛び出し、

図2　鳳凰殿

重たい壁ではなく軽やかな木製建具《たてぐ》によって内外をつなげたユニークな建築は、庇の出のない、内外が切断された箱のような建物しか見たことがなかった二十代後半のライトに大きなショックを与えた。その後突然、ライトの建築に深い庇がつき始め、開口部が大きくなっていった。すなわち日本風になっていったのである。

浮世絵と庇との遭遇

シカゴ万博で日本館に出会ったのと同じ頃、ライトは日本の浮世絵とも出会った。最初の雇い主である建築家、ジョゼフ・ライマン・シルスビー（一八四三―一九一三）は、日本美術の価値を評価して世界に知らしめたことで知られるアーネスト・フェノロサ(一八五三―一九〇八)の従兄であった。ライトはこの二人から浮世絵の魅力を教わり、彼が最初に手に入れた浮世絵もフェノロサから譲り受けたものであった。ライトは後に浮世絵を買い求めるために幾度か来日し、それがきっかけで帝国ホテルの設計にも携わることになった(ケヴィン・ニュート『フランク・ロイド・ライトと日本文化』鹿島出版会)。

歌川広重の肉筆作品を収蔵する那珂川町馬頭広重美術館(二〇〇〇)を設計している時に、僕はライトと日本の関係に興味を持ち始めた。広重は北斎と並んでライトが最も評価した浮世絵画家であり、特に縦長フレームの「名所江戸百景」を評価した。ライトはこの縦長フレームの浮世絵に最高の賛辞を与えている。

> なぜならばここで彼(広重)は水平なものを垂直なものへと振るというアイデアを得たからである。(略)風景画のアイデアのなかでもっとも偉大なものであっただけでなく、芸術の歴史のなかでもまったく独自、そしてまったく偉大なアイデアであった。ここでは、広重は空間性を取り込むことによって、私たちが建築でやってきたことを達成した。ここでは、絵画のなかに限定されたものではなく、莫大で、無限な空間の感覚を得ることができる。
>
> (Frank Lloyd Wright, "The Japanese Print Party," tape transcript, Taliesin, 20 September 1950)

図3 「大はしあたけの夕立」

このコメントからわかるように、ライトは浮世絵と建築空間とを別ジャンルと考えず、まったく連続的なものと捉えていた。横長のフレームでは左右方向への流動性が主役となり、空間の奥行き方向への重層が脇役となりやすい。しかし広重は縦長フレームへ挑戦することで、空間の奥行きを芸術の主役としたのである。その空間の奥行きこそ、ライトが当時最も関心を抱いていたものであった。

僕は建築空間と絵画空間を横断するライトの方法に基づいて、広重の「大はしあたけの夕立」(図3)の雨の縦線の重層性を、広重美術館の木製ルーバーへと翻訳した。ライトが広重の縦長フレームから学んだ空間の重層性と、シカゴの鳳凰殿から学んだ深い庇が、僕の広重美術館の中で増幅されたのである。

西欧において屋根は壁面や柱から、外側に飛び出さない。古代ギリシャ以来、ヨーロッパ建築の本流を形成してきた正統的な古典主義建築(クラシシズム)においてだけではなく、民家においても庇は壁から外に飛び出すことは少ない。飛び出すことは構造的にも経済的にも不利であり、東アジアに比べて雨が圧倒的に少ない西欧のドライな気候においては、柱や壁を雨から守る必要がなかった。西欧では結果として、壁の二次元的な構成とプロポーションの追究が進化していった。一方雨が多く、夏の日差しが強い東アジアでは、屋根も庇も飛び出して、柱、壁、開口部を守らなければならない。

若きライトは日本の庇に出会って、庇にめざめた。庇の下のめいっぱい大きな開口部を追究し始めたのである。これはライトが日本趣味に染まったというような皮相的な話ではない。建築の歴史における大きな転換が、ライトから始まった。印象派が日本の浮世絵に触発されて光を発見し、西欧の絵画の世界に大きな革命を起こしたのと同じような大きな渦が、日本とライトとの邂逅をきっかけにして回転をはじめ、世界を大きく動かし始めたのである。

印象派も庇も、光との遭遇であり、光の革命であった。二つの革命は基本的にはひとつのものであった。閉じた暗い部屋を出て、自然の中に飛び出していくという革命である。大胆に要約すれば、都市から自然へという方向転換であり、集中から分散へという、大きな転換の始まりでもあった。

図4　帝国ホテル（ライト，1923）

ヴァスムート・ポートフォリオと巨匠たちの遭遇

鳳凰殿と浮世絵によって庇にめざめたライトは、実作を重ねながら、さらに深く庇にとりつかれていった。庇の下の開口部の大きさも徐々に拡大し、シカゴ万博で出会った鳳凰殿を超えていくのである。しかし興味深いことに、ライトは日本から建築を学んだということを語りたがらなかった。彼の建築家としてのプライドが、日本という弱小国からヒントを得たなどと語ることを許さなかったのかもしれない。鳳凰殿との出会いからすべてが始まったにもかかわらず、それについては語らずに、もっぱら岡倉天心《おかくらてんしん》（一八六三―一九一三）の『茶の本』（一九〇六）のみを強調し、しかも『茶の本』の建築的記述は無視して背後にある老荘思想のみに触れて、人々を煙に巻こうとしたのである。

ライト自身の目くらましのせいで、日本建築とライトとの関係は見えにくくなってしまった。帝国ホテル（図4）でも、ライトは意識的にその日本性を隠蔽した。ライトにと

図5　ロビー邸(ライト，1906)

って、日本と同時に重要なインスピレーション・ソースであったマヤのモチーフを多用し、日本との直接的な連関は一切排除されている。その結果、日本人にとって帝国ホテルは「異国」のものとしか見えなかった。

そこからライトと日本との関係のねじれが始まったとも考えられる。しかし、ライトを生んだのは確実に日本建築である。その流れの完成形がシカゴ郊外に建つロビー邸(一九〇六、図5)であった。このロビー邸に代表される、庇が深く、水平性の強い住宅群のリトグラフを集めた美しい作品集——別名ヴァスムート・ポートフォリオ(図6)——が一九一〇年にベルリンで出版され、その刊行で世界が動き始めた。ヨーロッパではまったく無名だった四〇代のアメリカの建築家がこのような作品集を出したことが、まず異例である。その裏にあったのは出版社の意向ではなく、ライト側に存在した特別な事情であった。

ライトは一九〇四年に竣工したチェニー邸のクライアン

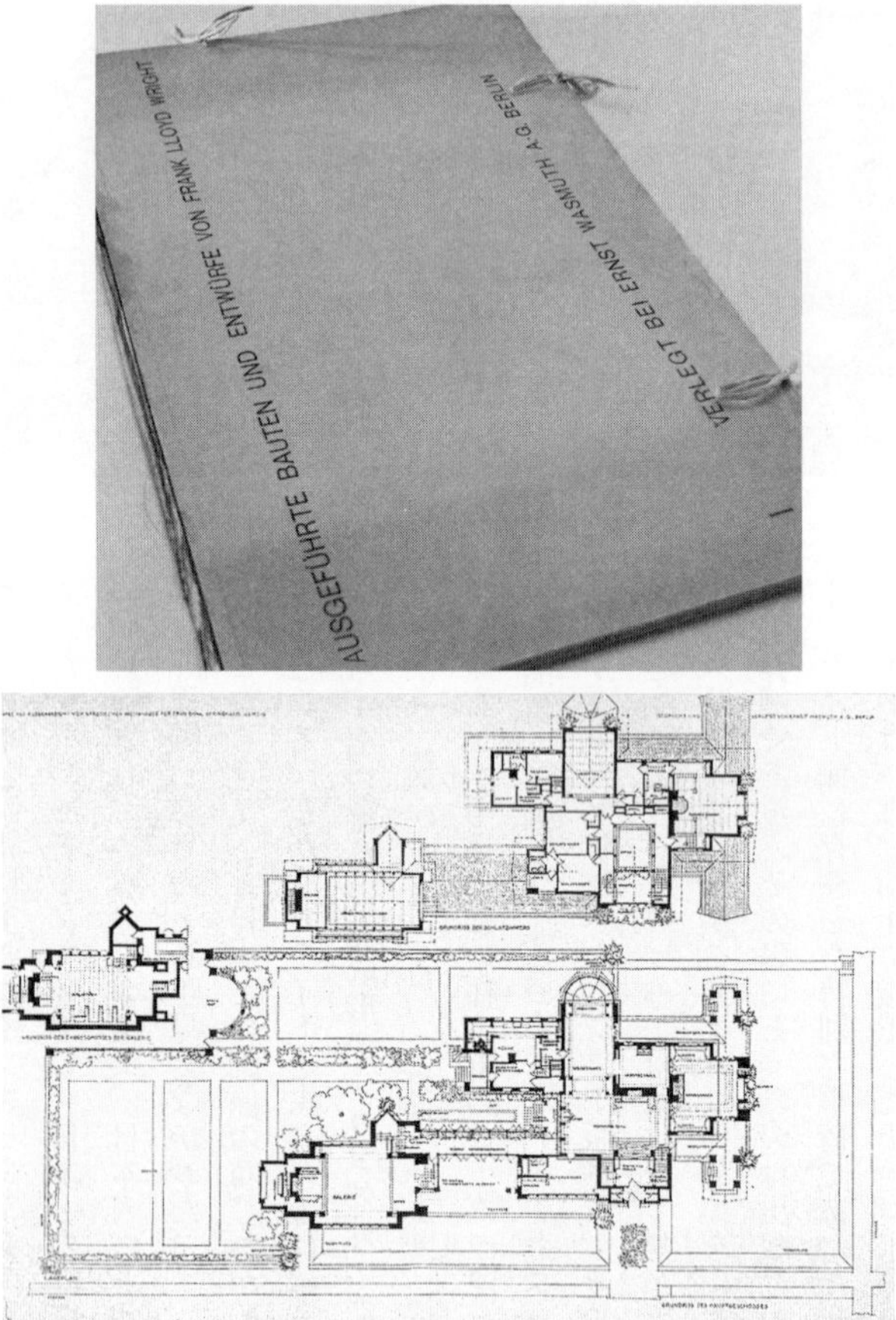

図6　ヴァスムート・ポートフォリオ(1910)とリトグラフ

トの妻と不倫関係に陥った。保守的倫理観が支配する当時のアメリカでは、不倫スキャンダルは致命的で、ライトは一九〇九年、事務所を閉じざるを得なくなる。彼はチェニー夫人とヨーロッパへ駆け落ちの旅に出た。再起を期したライトは、ベルリンのヴァスムート社から出版する作品集にすべてのエネルギーを注ぎ込んだ。それまでに日本で集めた浮世絵コレクションを売った大金が、この豪華な大判の作品集の出版に注ぎ込まれた。ライトの人生で、またも日本が重要な役割をはたしたのである。

そしてその後、チェニー夫人や弟子を失うという事件に見舞われ痛手を負ったライトを待っていたのが、日本の帝国ホテル新館の設計だった。

人生の危機がライトを日本に近づけた。この事情はナチスに追われて日本を訪れたタウトも同様であった。逆にいえば、危機に遭遇しなければ、これほど遠い日本と出会うことはなかったのかもしれない。危機が距離を克服し、建築の歴史を新しいフェーズに導き、世界を変えたのである。

この執念の作品集は決して出版事業として成功したわけではなかったが、追い詰められたライトのエネルギーは、ある感性のレヴェルの人たちの心に突き刺さった。モダニズム建築の四巨匠のうちの三人——コルビュジエ(図7)、ミース(図8)、ヴァルター・グロピウス(一八八三—一九六九、図9)——は、当時偶然にも建築家ペーター・ベーレンス(一八六八—一九四〇、図

10)の所員であり、ベーレンス事務所の棚に届けられた美しい作品集と遭遇した。恐るべき偶然ともいえるし、事後的に見れば歴史の大いなる必然とも見える。ミースはヴァスムート・ポートフォリオに衝撃を受けたと述べている。「私はフランク・ロイド・ライトから多くを学び

図7　コルビュジエ

図8　ミース

図9　グロピウス

図10　ベーレンス

ました。それは確かです。自由を得たと言ったほうが適当かもしれません」（ジョン・ピーター『近代建築の証言』ＴＯＴＯ出版）。

ベーレンスによる脱色

ベーレンスとライト、あるいはベーレンスと日本というのは興味深い組み合わせである。ペーター・ベーレンスはユニークなデザインを残してはいるが、正統的な建築家というイメージからははずれた人物である。そもそも正規の建築教育を受けてはおらず、画家、グラフィック・デザイナーとしてスタートし、一九〇七年にＧＥ（ゼネラル・エレクトリック）と並び称される世界的な巨大電機メーカーＡＥＧの顧問となる。そしてＡＥＧが建てる建築物だけではなく、プロダクトデザインから会社ロゴまでを幅広くデザインする。いわばベーレンスは、工業化社会という新しい時代が生んだ異端児であり、新しいタイプの建築家であった。コルビュジエをはじめとする突出した若き才能たちはその異端性にひかれて、ベーレンスの門をたたいたのである。

その場所で三人は、ライト、そしてその背後に存在していた日本という触媒に遭遇して変質した。ミースはこれを「自由」との遭遇であったと証言する。事実、ベーレンス事務所から独立後のミースの作品には、明らかにライト、あるいは日本由来の水平性・透明性、すなわちミ

図11　復元されたバルセロナ・パヴィリオン(ミース，1929)

ースの言葉でいえば「自由」が見てとれるのである。ミースの初期の傑作、煉瓦造田園住宅案(一九二四)では、煉瓦という重い素材を用いながら、すでに「自由」の芽生えが見てとれるし、その「自由」の追究は、バルセロナ万博のドイツ館として設計されたミースの代表作バルセロナ・パヴィリオン(一九二九、図11)において、衝撃的ともいえる透明性に到達するのである。

当時の建築界は、ライトがミースを生んだとは考えなかった。ライトは前世紀に片足をつっこんだ半ば一九世紀的な建築家とみなされ、ミースはコルビュジエ以上に、二〇世紀の工業化社会を体現するクールな存在に見えていた。ミースのはなばなしいデビューの後では、ヴァスムート・ポートフォリオのドローイングは、一九世紀的装飾性と浮世絵のエキゾチズムが入り混じった、古色を帯びた奇妙なものにしか見えなかった。ミース建築のシャープで抽象的な線とヴァスムート・ポートフォリオは、対照的に映ったのである。

しかし、その二つの対極の間にベーレンスをはさんでみると、ライトとミースに共通する「自由」が浮かび上がってくる。ベーレンスが建築に持ち込んだ工業的物質を用いてヴァスムート・ポートフォリオの古色を脱色していくと、ガラス張りのクールなミースが姿をあらわす。

建築の二〇世紀——「自由」な建築

モダニズム建築という新様式は、日本と工業的脱色とが遭遇したことから誕生したと、僕は考える。

その萌芽は、一九一〇年のヴァスムート・ポートフォリオ以前にも散見される。ロンドン万博でのクリスタル・パレス(一八五一、図12)は軽やかな鉄骨構造とガラスの多用によって、モダニズム建築の透明性の先駆けとなった。フランスの建築家オーギュスト・ペレ(一八七四—一九五四)は、鉄筋コンクリート構造による抽象的なハコのデザイン(図13)で、モダニズム建築のパイオニアと呼ばれた。

しかし、クリスタル・パレスにもペレにも、まだ「自由」は感じられない。ミースがヴァスムート・ポートフォリオの中に「自由」を発見し、ベーレンス事務所で手に入れた工業化社会の技を用いてヴァスムートの日本を脱色したことで、はじめて「自由」に具体的な形が与えられたのである。

脱色は、モダニズム建築の最も重要な武器であった。効率的な大量生産を至上目的とする工業化社会が、デザイナーたちに脱色を要請したのである。しかし、ただ脱色しただけでは、モ

図12　クリスタル・パレス(1851)

図13　フランス，ル・アーヴルの街並み(ペレ)

ダニズム建築は生まれない。日本建築という空間の「自由」と、工業化社会という新時代との遭遇が、モダニズム建築というまったく新しい建築を生んだ。この美しく決定的な一瞬によって西欧の建築は「自由」を獲得し、建築の二〇世紀がスタートしたのである。

その「自由」は瞬く間に世界を魅了した。ミースのバルセロナ・パヴィリオンとコルビュジエのサヴォア邸(第I章図6)は世界を震撼させ、建築の転換、時代の転換を人々に確信させた。しかし、この転換において日本が大きくて決定的な役割を果たしたことを、当時の日本人はまったく意識できなかった。「新しい建築」は日本とは無関係であり、日本の古色とは対極的なクールなものだと人々は感じた。依然として日本は否定の対象でしかなかった。正確に言えば、以前にもまして否定と嫌悪の対象となっていったのである。

六人の「折衷」建築家

その「反日本」の空気に染まらずに、「日本」に可能性を見出した六人の建築家に、僕は大きな関心がある。彼らは、この国の中に、未来へと続く孔《あな》を掘ろうとしたのである。日本に可能性を見出し、見捨てるどころか、日本を深く掘り下げて、再発見したのである。しかしそれゆえに、彼らはしばしば折衷的建築家と見做され、見下された。コルビュジエ、ミース以降の時代には、折衷的というのは最も侮蔑的な形容であった。

その六人とは、藤井《ふじい》厚二《こうじ》、堀口捨己《ほりぐちすてみ》、吉田五十八《よしだいそや》、村野藤吾《むらのとうご》の四人の日本人と、アントニン・レーモンド、シャルロット・ペリアンの二人の外国人である。四人の日本人に共通しているのは、サヴォア邸、バルセロナ・パヴィリオンという二つの前衛的建築の登場以前にヨーロッパを訪れていることである。一九三二年のニューヨーク近代美術館（ＭｏＭＡ）での「モダン・アーキテクチャー展」（第Ⅲ章図19）は、その二つの作品の展示によって世界の建築界に衝撃を与えた。それは「革命」と呼ぶにふさわしい断絶を建築界に示した事件であり、まさに革命であった。人々の建築観は転換され、美意識は完全に変換された。藤井、堀口、吉田、村野の四人は、幸いなことに、革命以前にヨーロッパを訪れ、クールにはなりきれないまま、様式建築とモダンな感性との間で揺れていたモダニズム前期の建築に出会い、その豊かさに直接触れることができたのである。

コルビュジエやミースが行った革命は、さまざまな意味での切断をめざしていた。過去との切断、大地との切断、自然との切断である。それらの暴力的な切断行為以前の、豊かで懐の深いヨーロッパに四人はその肌で触れ、暖かい感触を体に刻みつけたまま、日本に戻った。その出会いから日本と近代、日本と工業化社会とをつなごうとする彼らの「折衷的」な試みがスタートするのである。革命家たちは「折衷」という言葉を最も嫌った。「折衷」には当時、犯罪にほぼ等しい響きさえあったが、その正体はつなぐことであり、彼らが行った折衷の地味な積み重ねによって、日本建築は救われたのである。

藤井厚二——曖昧さとエンジニアリング

まず最初に取り上げるのは、藤井厚二（一八八八—一九三八、図14）という、近年までほとんど忘れられていた早逝の建築家である。藤井は戦前の京都という左寄りの特殊な場所を拠点とし、タウトの来日に先立って、日本を西欧の上位に置かんとする大胆な転倒作業に着手していた。

彼はある意味で早すぎた。それゆえ、一九九〇年代まではほとんど論じられることもなく、忘れられていた。彼のスリリングな転倒作業をさかのぼれば、東京大学の恩師であった伊東忠太に突きあたる。伊東は日本建築史という学問領域を創始してはからずも建築史学の神様となってしまったが、後の建築史家が日本を閉じ、日本建築史を閉じようとしていたのとはまったく逆に、日本建築と西欧建築をつなごうと試みた。

図14　藤井厚二

藤井は伊東のそのコスモポリタニズムを受け継ぎ、境界を横断し続けた。竹中工務店に一九一九年まで勤務して建築の現場に触れ、その後、九か月ヨーロッパを旅して「革命」以前のヨーロッパの豊かさを満喫し、一九二〇年に京

図15　聴竹居(藤井厚二，1928)

都大学に奉職。今でいう建築環境工学を教えながら、一群のユニークな住宅建築をデザインした。

藤井の住宅のユニークさは、彼の人生の軌跡の産物であった。竹中工務店での経験は、デザインと形態を優先し、権威の上にあぐらをかくヨーロッパ型の建築家を鋭く批判し、エンジニアリングをベースとする、新しい建築家像のモデルを作った。それは大工のような現場的・非権威主義的な建築家像と言い換えてもいい。

さらにコルビュジエ、ミースによる「革命」が起きる前の一九一九年での訪欧は、彼の作品に一種の暖かな折衷性、別のいい方をすればおおらかな包容力を与えている。

聴竹居——コルビュジエへの挑戦

藤井の代表作は、タウトが来日する五年前、一九二八年に京都大山崎の地に完成した聴竹居《ちょうちくきょ》（一九二八、図15）

という自邸である。聴竹居は地味な外観の、平屋の小さな木造住宅である。しかし、にもかかわらず藤井はここで明らかに、当時のモダニズム建築の若きエース、コルビュジエを憧れの対象ではなく、対等のライヴァルと見做し、それを超えようとしていた。コルビュジエは場所とは無関係なモノを作っており、逆に自分は場所につながった建築を作っていると、藤井は書き記し、当時すでに「神様」であったコルビュジエを堂々と批判している(「現代の建築」。なお藤井とコルビュジエの関係については、『藤井厚二建築著作集 補巻二』所収、安田徹也による解説を参照した)。コルビュジエ崇拝一色に染まった戦後日本とは対照的なスタンスに僕は感動する。

西欧建築の移入が国家の絶対的な要請であったその時代に、コルビュジエに対抗しようとする自信の源は建設会社で学んだエンジニアリングにあった。地道なエンジニアリングの積み重ねが世界を変えることを確信し、その確信が彼に、当時のモダニズムのチャンピオンであったコルビュジエに対抗しようというほどの強い自信を与えたと僕は感じる。

聴竹居を訪れると、写真からは知り得なかった、藤井建築のリアルなエンジニアリングの群れが僕らを圧倒する。従来の死体のように奉ってしまう日本建築論には、エンジニアリングという視点が決定的に欠如していた。死体は息もせず、血液も流れないから、エンジニアリングとは無縁のものとされてきたが、藤井にとって日本建築は、冷たく固まった死体ではなく、液体と気体とが流れ続ける、生きた身体そのものだったのである。

たとえば藤井は、一九二八年の時点で、今日の環境建築の最先端技術のひとつである導気口(クールチューブと呼ばれる技術)を住宅に取り入れた。約一二メートルの長さの土管を地下に通すことで、夏の蒸し暑い西風が床下から室内に導入され、部屋を冷やすのである。聴竹居にはそのような「小さなエンジニアリング」「現場のエンジニアリング」が満載であった。

小さなエンジニアリング

藤井は海外向けに出版した自らの作品集(『THE JAPANESE DWELLING-HOUSE』)に、ヨーロッパと日本の気候の違いに関する詳細なデータを載せ、高温多湿な日本の気候が、風通しを重視した自分のデザインと密接につながっていることを具体的に示した。コルビュジエは建築を「住むための機械」と定義したが、車や飛行機などの最先端の「機械」やイメージを借用しただけで、その場所と建築とをつなぐ、きめ細やかで具体的なエンジニアリングには関心がなかった。竹中工務店で現場の実務を習得し、京都大学の建築学科で武田五一の下、建築設備(のちの建築環境工学)という分野を開設した藤井の実学は、コルビュジエの観念論とは比較にならなかった。

そして藤井のエンジニアリングへの関心は、空気や水の流れを取り扱う今日の環境工学にとどまらず、構造設計というもうひとつの重要なエンジニアリングにも及んでいた。聴竹居の南

図 16　聴竹居，南側のファサード

側ファサードの構造システムに目をこらせば、コルビュジエとは対照的な、藤井流の「小さなエンジニアリング」の本領が発揮されている。コルビュジエは、そのコンクリート造の建築において、柱と壁を明確に分離し、柱を構造体として、壁は構造から自由な薄いスキンだと定義した。モダニストたちは柱と無関係に窓をどの位置にも開けることを「壁の解放」と自賛し、このように構造から解放された壁を、カーテンのように薄くて自由だという意味で、カーテンウォールと呼んだ。その柱と壁の明確な分離から、二〇世紀のモダニズム建築の自由な表現が始まったとされている。

しかし驚くべきことに、聴竹居の南側ファサード(図16)はコルビュジエのカーテンウォール以上に薄く、そして自由であった。ここでも再び、藤井はコルビュジエへのライヴァル心をいかんなく発揮する。

聴竹居の南側の壁は、柱と壁が分離されているどころか、建物を支えているはずの柱そのものが一切存在していないように見えるのである。

そのマジックを可能にしたのは日本の木造建築である。モダニズムは確かに、石や煉瓦を積みあげて作った組積造《そせきぞう》の閉鎖性を否定し、独立した柱と、荷重を負担しない薄いカーテンウォールの分離によって建築を透明にした。しかしコンクリートや鉄の柱は、その物質的制約ゆえ、依然として強い存在感を発揮し空間の自由を拘束し続ける。コルビュジエのコンクリート柱も、ミースの鉄骨の柱も、柱は柱であり、あくまで空間の主役であった。古代ギリシャ以来、柱の美を主役として歩んできた西欧建築の柱中心主義のマチズモは、モダニズムの中にもしっかりと受けつがれてきたのである。

一方、木造の細い柱は、コンクリートや鉄骨の柱と違い、薄い壁の中に消去することができた。日本では柱を消去する技法が徹底的に追究され進化を遂げていた。それを可能としたのは、柱以外の補助的な部材、たとえば方丈や火打ちと呼ばれる斜めの部材、柱と柱の間を埋める土壁・格子・障子・襖《ふすま》のような、まったく構造を負担していないように見える華奢な部材が陰で助けあって建築を支えるという、世界にも類を見ない繊細なエンジニアリングであった。それらの細くやわらかな部材は、柱や梁を一次部材と呼ぶのに対し、二次部材と総称される。これらの二次部材の協同作業が見事に建築を支え、地震や台風から、この一見きわめて弱そうな建

図 17　聴竹居，南側ファサードの扇形の木製の棚板

築を守ってきたのである。
それは西欧流の「大きな構造設計」とは対照的な「小さな構造設計」と呼びうる繊細なシステムであり、モダニズムが成し遂げた構造体と外壁の分離のはるかに先を行く、ハイブリッドで重層的なシステムだった。モダニズムが達成した構造体の分離は、一七世紀のニュートン力学レヴェルであり、日本の伝統木造は量子力学レヴェルの曖昧性と両義性を有したともいえる。
聴竹居の南側ファサードは、この日本的な「小さな構造設計」の一大ショーケースとなっている。柱と見えたものが突然に途切れ、消え失せ、貫通する柱は一切なく、小さくかよわいものが壁の中に複合されている。ファサードの端部にさえ柱はなく、ガラスだけがコーナーをまわり、風景と室内は一つに融けあっている。ミースのガラス建築をもはるかに上回る透明性と無重力感が、木造という一見弱いシステムによって実現している。それを可能にしているのは驚くべきことに、ガラスコーナーに取り付けられた扇形の小さな木製の棚板(図17)であった。棚という小さな脇役に見えるものが、ひそかに、大きな構造的仕事を果たしているのである。

木という特別な物質

聴竹居の「小さな構造設計」のすべてを可能にしているのが、木という特別な物質であった。やわらかでねばり強く、それゆえに力をしなやかに伝達し、さりげなく吸収してしまう木という物質。それぞれの箇所の複雑な要請に応答し、丁寧に対応する木の柔軟性。木はさりげなく、しなやかに、見事に地震からも台風からも建築物を守り、しかも建物をスケスケに透明にしてしまうのである。

藤井はその「小さな構造設計」の圧倒的な自由とフレキシビリティをコルビュジエたちの「革命」派に見せたかったに違いない。コルビュジエたちの図式的で頭でっかちの「自由」に代わる、複雑で奥行きの深い「自由」を見せたかったのである。そこでは構造vs.表層というたぐいの、あらゆる西欧的な二項対立は意味を失い、すべての物質はまじりあい助けあいながら、人間のまわりを漂い、人間の弱い身体をやさしく守るのである。

「自由」のベースにあったのは、日本の木造の伝統建築がつちかってきた様々な知恵であった。その蓄積が、モダニズム建築という触媒の助けを得ることによって、別の言い方をすればモダニズムというライヴァルを得たことによって、見事に開花した。その意味で聴竹居とは折衷的であり、本当の意味での和洋折衷であった。藤井の達成を、一九二八年という時点で理解する人はいなかった。日本では藤井の存在も聴竹居も、長い間忘れ去られていたのである。

一九三三年、日本来訪後すぐ聴竹居を訪ねたブルーノ・タウト――あれだけ日本というものを愛し、理解していたはずのタウト――も、「きわめて優雅な日本建築」「実に行き届いた心遣い」と言いながらも建築家としての藤井を「ひどく感覚が欠けている」と評し、驚くほどに不愛想な感想を寄せただけであった（*Bruno Taut in Japan DAS TAGEBUCH ERSTER BAND 1933.*）。完成の一〇年後、一九三八年に、藤井が四十九歳の若さでこの世を去ったことで、この家の忘却は加速した。小さなエンジニアリングを媒介として、和と洋をつなごうとする試みは、戦争という新しい状況の中で忘れられ、消えていってしまったのである。

堀口捨己――早すぎた分離派建築会

次に取り上げる折衷の建築家は、堀口捨己（一八九五―一九八四、図18）である。藤井厚二がその早すぎた環境志向によって忘れられたのとは別の意味で、堀口もまた忘れられた建築家であった。

堀口は、日本に最も早くモダニズムをもたらした建築家といわれる。圧倒的に早熟であった堀口は、なんと東京大学建築学科在学中の一九二〇年に、日本発のモダニズム建築運動であった分離派建築会を、同級の山田守《やまだまもる》（一八九四―一九六六）、石本喜《いしもとき》久治《くじ》（一八九四―一九六三）と発足させたのである。それは驚くほどに早かったが、ある意味で早すぎた。早すぎたがゆえに、前《まえ》川國男《かわくにお》（一九〇五―八六）、丹下健三ら後輩による「革命」の輸入によって、堀口という先輩の存在は忘れられたのである。

図18　堀口捨己

堀口ら分離派建築会がモデルとしたのは、その名前からも明らかなように、ドイツ、オーストリアを中心として一九世紀末に起こった分離派運動であった。ヨーロッパの分離派は、モダニズムvs.様式建築の戦いの前哨戦であったと言えるが、本戦がはじまるとすぐに前哨戦は忘れられた。従来のアカデミズムからの分離を目標に掲げて、彼らは分離派を名乗って芸術性を探究したが、彼らの丁寧で慎重な分離作業は、完璧な切断を目的とする「革命」派の登場によって忘れられてしまったのである。それはしばしば「革命」の周辺で起きる残念な現象でもあった。

しかし、分離派がウィーンやダルムシュタットに残した作品の実物に触れたならば、その空間と質感の豊かさは圧倒的である。切断の激しさで人々を驚かせた「革命」派の乱暴な作品とは比較にならない。分離への強い意志があると同時に、敷地の特質やその場所の文化に対する愛情が溢れ、われわれの心を深く打つ。心をこめて、丁寧に、慎重に「分離」が行われていたのである。

オランダとの出会いと紫烟荘

そこにはさらに、実物と写真という、二〇世紀独特の問題もからんでいた。写真、それも解像度の低い、粗い小さな写真でイメージが伝達されていた二〇世紀前半には、分離派の丁寧で折衷的な作業の価値は伝わらず、「革命」派のいさぎのよい乱暴な切断を写した写真に人々の目は奪われたのである。

日本の分離派立ち上げの中心メンバーであった堀口も、ヨーロッパの分離派の作品に直接触れている。重要なことは、日本の分離派の人々もまた藤井厚二と同じく、革命前のヨーロッパを旅し、革命前夜の緊張感溢れる作品群を直接体験していることである。

堀口は一九二三年から二四年にかけてヨーロッパを旅し、その旅の中でギリシャのパルテノン神殿を訪れて、有名な一言を残している。

冷たくきびしく寄りつくすべもない美しさの中に、打ちのめされて、柄にあう道を探さざるを得なかったのである。

（堀口捨己「現代建築と数寄屋について」『堀口捨己作品・家と庭の空間構成』鹿島出版会）

その「柄にあう道」のヒントを与え、彼に最も強い影響を与えたのは、「革命」前夜のオランダ建築であった。堀口は帰国後すぐに『現代オランダ建築』を出版する。その中で紹介されたオランダ近代建築の中でも彼の心を最もとらえたのは、日本では過去のものとみなされていた茅葺であった。茅で葺かれた住宅が田園に点在する新しい郊外住宅地、パーク・メールウクで、彼は「柄にあう道」を発見したのである（図19）。

図19　パーク・メールウクの住居

オランダで茅葺を再発見した堀口は、帰国後、彼の名を広く世に知らしめた茅葺屋根と四角い箱との不思議な融合体、紫烟荘《しえんそう》（一九二六、図20）をデザインし、紫烟荘にあわせて「建築の

図20　紫烟荘(堀口捨己，1926)

非都市的なものについて」(『堀口捨己建築論集』岩波文庫)という興味深い小論を執筆した。

紫烟荘とその小論は、恐ろしく早いモダニズム建築批判であった。モダニズムが始まるか始まらないかの朝方に行われた、異常なほどに早く、予言的なモダニズム批判であった。

> しかるに近代の科学と工場的産業からあらわれた多角な騒擾《そうじょう》な都市生活は、必要以上な競争的興奮と疲労とを課して、(略)住宅とは何か、どうした要求から作られたかを、自然のままに考える暇なくまず多数の当面火急の問題に包囲されてしまうのである。
> (堀口捨己「建築の非都市的なものについて」)

近代の非人間的諸圧力、ストレスから逃れるために、非都市的な性格を持つ住宅が必要であるというのが、すべての意味で「早く来すぎた」堀口の結論である。

その「非都市的な性格」を堀口は建築材料と結びつけて論じていく。

燃えやすい腐れやすい草、木、壊れやすい脆い土、破れやすい薄い紙等、恒久的でない材料が建築材料として使用されるのは、しかし自然の脅威や外敵侵入に備える守りとしての建築においては行われ難く、ただ安らかな静かな休息や楽しい穏やかな生長の自然に恵まれている家庭においてである。（略）それ等は環境たる自然とそれだけで融合し調和するし、またそれ自身柔らかで、刺戟なく、特に厚い茅の屋根の如く多くの気孔の重なったものの円《まろ》やかなふくよかさは、何物にも換え難い感じで、なお近代的な感覚にも例えばビロードの持つ如き不思議なファクトラを与える所に愛着がある。（同前）

物質としての建築論と茶室との遭遇

建築材料、すなわち物質を主役にして論じられる建築論はきわめて珍しい。モダニズムの建築論はしばしば自然を論じた。コルビュジエは都市に自然を回復するために、建物をピロティで浮かせて大地に自然を回復することを唱えたが、彼にとっての自然とは緑、すなわち樹木や草のことであった。ライトやミースも建築を透明に、開放的にすることで、自然と建築とをつなげようとしたが、ここでも彼らにとっての自然は建築の「外」にあった。建築を構成する物質自体の中に「自然」を取り戻そうという堀口のアプローチはきわめてユニークであり、予言的である。

その原点にあるのは、柔らかく、燃えやすい材料、すなわち「弱い材料」を基本として、建築と都市を作り続けてきた「日本」という場所であったと、僕は感じる。日本が堀口を生み、堀口のユニークな建築論を生んだのである。より正確にいえば、オランダでの茅葺屋根との出会いによって堀口は「弱い材料」にめざめ、物質の国・日本にめざめたのである。

それはまた、堀口と茶室との出会いでもあった。

> 鑑賞の生活は傑《すぐ》れた絵画であっても常住に目前に掲げることを規定する如き制約には堪えられない生活である。春や夏や秋や冬や、あるいは喜びに充ちた時や憂いに沈んだ時やその他種々なる還《(環)》境によって、それぞれ色調や、様式や心持ちの異なった芸術を要求する生活である。(略)これと同じ考えを建築から出発するとき絵画や彫刻に対して遂に床の間となるのである。それは絵画に額縁がある如く室に対しての特種な空間で、そしてその内に入れる芸術品の自由なる世界を室から及ぼす影響から緩和させ独立せしめると同時に、その絵画から室に波及する空気を、その特種な空間で限るのである。
>
> (同前)

そしてその後、一九三〇年に相前後するコルビュジエ、ミースらによる「革命」を目の当たりにして、堀口の茶への関心は一気に高まっていく。若きアヴァンギャルドとして仲間たちと華々しく立ち上げた分離派は、一九二八年の第七回展を最後に散会し、堀口は「茶室は茶の湯のための建築設備である」というコルビュジエの「住宅は住むための機械である」という革命の宣言をもじった刺激的な序文で知られる「茶室の思想的背景と其構成」(一九三二)を著す。それ以降、アヴァンギャルドと対極的ともいえる茶室の研究に没頭していくのである。

その堀口の茶室研究において特筆すべきは、茶室という建築・空間だけを論じるのではなく、庭に対して大きな関心を寄せていたことである。堀口が目をつけたのは、タウトが桂離宮という「庭」を発見するよりも早かった。「庭」に着目したパイオニアは、タウトではなく、堀口であった。また茶杓・茶碗・炭などのモノに対しても、建築家による研究とは思えないほどの深い考察を堀口は開始した。

欧米の「革命派」の建築家によるいさましい建築論とは対極的に、堀口は庭と物質とモノへと向かっていったのである。日本という場所、そこに生まれ育った日本建築という存在を考える上で、堀口の一見ひねくれた建築へのアプローチは、大きな示唆を与えてくれる。

「弱い物質」は、日本の建築デザインのベースであった。「弱い物質」への愛情がすべてのベースであり、そこから「弱い形態」が導かれ「弱いディテール」が創造されていった。堀口の「弱さ」へのこだわりは変わることなく、「弱さ」が放棄されることもなかった。堀口はその根拠を非都市性に求め、モノへの愛着に求めた。都市化と「革命」の進行によって、いよいよ非都市性への志向は強化され、モノへの愛着は深まっていったのである。

民藝と考現学によるモノの発見

堀口が着目した小さなモノたちは日本建築において、欠かすことのできない主役であった。建築空間があって、その後にモノが置かれるのではなく、建築とモノの境界はそもそも曖昧であり、建築とモノとが渾然一体となって、日本の建築空間が成立していたのである。

その意味で、堀口にとっての建築は、西欧でいう建築とは別種のものであり、正確にいえば別の用語をあてなければならないものなのかもしれない。堀口はそのことにいち早く気が付き、建築とは比較にならないくらい小さな茶杓の重要性に注目した。

その小さなモノたちの重要性はデザインや建築に携わる戦前の多くの人々がうすうすは感づいていたことでもあった。たとえば一九二六年には民藝というデザイン運動がスタートした。民藝は日本建築を論じる時には避けて通ることのできないムーヴメントである。にもかかわらず、日本建築史から民藝はほぼ完全にスルーされている。それは民藝がもっぱらモノばかりに

図21　博覧会出品「民藝館」(柳宗悦, 1928)

関心を寄せたからである。

実際には民藝運動の人々も、モノが置かれる空間の重要さには気付いていた。民藝といえばだれでも駒場の日本民藝館や京都の河井《かわい》寛次郎《かんじろう》邸の、黒ずんだ木のフレームと白漆喰を組み合わせた空間を思い浮かべるだろう。民藝のモノたちと、あの古民家を改装した黒と白の空間は、もちろん一体であった。

しかし、西欧風の「建築」という概念に毒され、さらに「革命」派のいさましい暴力性に圧倒された当時の建築界の人々にとって、あの暗やみの中にうごめくモノたちは、建築とは無関係であり、建築史に登場すべき存在ではないと感じられたのである。建築家による、ほとんど唯一といってもいい民藝への共感は、上野公園の「大礼記念国産振興東京博覧会」(一九二八)の中に柳宗悦《やなぎむねよし》(一八八九―一九六一)のデザインで建てられた民藝館(図21)に対して寄せられた、堀口捨己の一文である。

博覧会の中で不思議に私の心をとらえたものが一つあった。それは民藝館である。それは建築としては不健全な衒学《げんがく》的な物臭さがないでもないし又手工芸的主張と其作品が如何にも時代錯誤的である。（略）然し民藝館がこうした反時代的であるに係わらず尚私には何か心索かれるものがある。其は其郷土的な情緒や懐旧的雰囲気に囚れるのみでなしに何かそこに真実なものが隠されている様に思われるのである。

（『日本建築士』日本建築士会、一九二八年五、六月号）

堀口は日本において、モノは空間の脇役ではなく主役であることを感じていた。彼だけが、民藝館の真の意味を理解できたのである。

柳田國男《やなぎたくにお》（一八七五―一九六二）の門下であり、早稲田大学の建築学科で長く教鞭をとった今和《こんわ》次郎《じろう》（一八八八―一九七三）が、一九二三年に起きた関東大震災の後に始めた「考現学」という名のモノの収集・研究も、建築界の人々からみれば、建築の外側の活動であった。茶杓のような室内に置かれるモノにとどまらず、街に置かれた看板や街灯などの少し大きめなモノのデザインまでもが、広く採集され、研究された。

今和次郎の研究は、日本においてモノがはたしている役割を深く理解した画期的な研究であったにもかかわらず、建築の外のイカモノの活動としか見做されなかった。藤森照信《ふじもりてるのぶ》(一九四六―)らによる一九八六年の路上観察学会の設立以降、今和次郎ははじめて「正統」な建築史家として高く評価され、彼の考現学も遅ればせながら、建築史の内側の活動として見直され再発見されたのである。

大震災、疫病から弱い物質とモノへ

民藝と考現学が共に関東大震災直後に活動を開始したことは、注目に値する。震災で、建築というハードウェアが壊滅的な被害を受け、西欧的な定義に基づく「建築」の本質的な脆弱さが露呈されたことで、人々の関心がモノという小さいけれども確かな存在へと向かっていったのである。

災害によってモノを発見するというプロセスは、地震・津波・火災などの大災害に見舞われるたびに繰り返されてきた。そのプロセスを繰り返すことで、日本の空間の中でのモノの価置が高まり、日本文化の中でモノの存在感が高まっていく。災害による建築不信とモノへの傾斜が、日本という災害多発国の文化を動かしてきたと僕は考える。災害の後に生まれるモノへ向かうベクトルは、日本文化の基本OS(オペレーション・システム)と呼ぶべきものであった。

二〇一一年の東日本大震災を体験したわれわれに、このプロセスは特にリアルに感じられる。強靭だと信じられてきたコンクリートの建築物が、圧倒的な自然の力の前ではいかに弱く、もろかったかを見せつけられたことで、日本人は再び変質した。正確にいえば、有史以来、災害のたびに繰り返してきたあの変質、あの覚醒が、またもや繰り返されたのである。

災害は人々をモノに向けただけではなく、「弱い物質」へも向かわせた。三・一一の後の日本でも、なぜか急激に木材利用に対する関心が高まった。論理的に考えるなら、大災害を体験した人間は「強い物質」へ向かうように想像できる。しかしなぜか日本では逆のことが起こり続けた。

その逆説が、関東大震災直後の一九二四年、堀口に「建築の非都市的なものについて」を書かせ、「弱い物質」を賛美させた。藤井厚二は同じく震災後の一九二八年に竣工した聴竹居の中で、薄い棚板を構造体とする繊細な木造建築に挑戦し、和紙という脆弱な物質を徹底的に使用した。震災後だからこそ、弱い物質なのである。

震災後すぐに書かれた『日本の住宅』(明治書房)の中で、藤井は和紙が日本の住宅になくてはならないと繰り返す。

紙を透かして輝く日光は身体的に好ましく、美的な魅力のあるものである。

私は木造の建物に土壁を採用することを主張したい(徹底するには長い時間がかかるとしても)。しかしながら、私が採用しているのは、図に示すような改善した土壁である。(略)一方内側の表面は、漆喰の最後の上塗りが省かれ、温度と湿度の調節に非常に有効な和紙が貼られている。

日本の住宅においても、もし、住宅の計画から非常に重要な紙という要素が取り除かれたなら、魅力的な特徴が奪われることになる。

そこにはさらに、疫病という別種の災害も関与した。大震災に先立つ一九一八年から二〇年にかけて、スペイン風邪が大流行し、日本では人口の約一パーセントである四五万人が亡くなった。疫病による死への恐怖もまた、なぜか「弱い物質」とモノたちへと向かわせた。スペイン風邪と関東大震災が、堀口や藤井を「弱い物質」に向かわせたのと同じように、三・一一と新型コロナウイルスの流行で木への関心が高まった。三・一一以前の日本の建築雑誌はコンクリート打ち放し、アルミ、ガラスのモノトーンでクールなページばかりが続いていたが、その後になぜか一転して、暖かい木の色がページを支配し始めた。

同時に、モノに対する関心もまた高まった。現代の民藝運動とも呼ぶべき無印良品のプロダクトは、三・一一と新型コロナウイルスの流行によって大きく売上げを伸ばした。「巣ごもり需要」と呼ばれる現象によって、家具やインテリア用品などのモノは売上げを更新した。カタストロフィは忘れがたい傷痕をわれわれに残したが、それを体験し乗り超えることで、日本はより日本になり、そのプロセスを繰り返して、日本は鍛えられてきた。

堀口はある意味でそのプロセスを象徴し、形象化した建築家であった。堀口は時代に最も敏感に反応し、アヴァンギャルドの分離派から弱い物質とモノが支配する「反都市性」へと転向したのである。

その転向の先に、戦後という別の時間が訪れた。戦後が彼に何をもたらしたか。一言でいえば、堀口は戦後の流れの中で置き去りにされ、忘れられていった。藤井が早逝し忘れられたのと同じように、堀口もまた消えていった。その意味で、堀口も藤井も「戦前の建築家」であった。日本の戦前というきわめて濃密で豊かな時代を生きて、その時代の養分をデザインへと昇華し、デザインは残り、そして本人は消えていったのである。

Ⅲ

数寄屋と民衆——吉田五十八、村野藤吾、レーモンド

吉田五十八、村野藤吾と戦後

吉田五十八（一八九四―一九七四、図1）と村野藤吾（一八九一―一九八四、図2）は「戦後の建築家」とも見えるが、正確にいえば「戦前」から多くのものを吸収し、それが戦後という別次元の世界で開花した。別次元に突入した日本が、彼らの「戦前」を必要とし、彼らは日本建築に新しいページを付け加えた。

吉田五十八と村野藤吾は、僕の建築家人生ともいくばくかの接点があった。二人の代表作ともいえる二つの歌舞伎座――吉田が東京の銀座木挽町にデザインした、第四期の歌舞伎座（一九五〇）、村野が大阪・難波にデザインした新歌舞伎座（一九五八）――の再生に僕自身が携わるという奇縁にめぐまれたのである。

東京美術学校（現東京藝大）での吉田五十八の師にあたる岡田《おかだ》信一郎《しんいちろう》（一八八三―一九三二）の設計による第三期歌舞伎座（一九二四）は、一九四五年の空襲によって半壊した。吉田はそれを戦後の厳しい経済条件のもと、吉田流に修復、改修し、第四期歌舞伎座として再生させた。代表的な日本文化の一極を形成した歌舞伎は、この第四期とともに育ち人々から愛された。しかし躯体のかなりの部分が空襲による火災で大きなダメージを受けたままの状態にあり、耐震補強は不可能であることが判明した。吉田のデザインを踏襲し、その上部に高層オフィスビルをのせたのが、われわれが携わった第五期歌舞伎座（二〇一三）である。

一方、村野の新歌舞伎座は二〇一〇年に上本町《うえほんまち》の新築ビルの中に移転し、新たなオーナーによるホテル建設のために解体が決定され、われわれに新しいホテルの設計が依頼された。村野の連続唐破風《からはふ》のユニークな美しさに惹かれていたわれわれは、村野建築の再生を条件に仕事を受けた。最終的には、東京の吉田の場合と同じように、その上部に高層棟をのせる形で、難波のランドマークであった連続唐破風の景観をなんとか守った。

この二つの再生体験を通じて、僕は吉田五十八と村野藤吾という二人の「和の巨匠」とじっくりつき合うことになった。二人の建物を死体解剖するように腑分けして、当時の材料から職

図1　吉田五十八

図2　村野藤吾

人の技までを調査し、二人の癖と流儀、その奥にある思想にまで踏み込んだ。

そこでたどりついた結論は、吉田と村野という二人の巨匠は並んでいなかったという事実である。二人は同時代に並んで聳《そび》え立っているように見えるが、実は、吉田のあとに村野がいた。すなわち、二人は同じ時間に存在していたのではなく、別の時間、別の時代に属していたのである。村野が吉田より三歳年長であるという事実関係とはまったく逆に、吉田のあとに村野がいた。戦後という時代の時間的構造が、そのようなものであった。村野は吉田的なるもののあとに来て、吉田を徹底的に批判したのである。

西欧による挫折と数寄屋の近代化

まず吉田がやってきて日本の近代を作った。先述した藤井、堀口らの「折衷的」建築家の例にもれず、若き吉田もまた一九二五年に欧米へと遊学し、「革命前」のヨーロッパの豊かな建築群にも直接触れた。特に、古代ローマ、ゴシック、ルネサンスといった歴史的建築物に圧倒され、それらに触れた後の吉田の感想はユニークなものであり、異様なほどに大人びたものであった(吉田ならびに同門の建築家の洋行、また「近代数寄屋住宅と明朗性」については、藤森照信「建築史上の吉田五十八」(『五十八さんの数寄屋』所収)を参照した)。

この偉大なるショックは、私の従来までの建築観を、一挙に変えてしまったのです。それというのは、こういった超名作を見て、つくづく考えたことは、建築も、ここまでくると、人間の知恵、能力以前の問題で、民族、血統、歴史、伝統……といったものからくるなにものかで、もっと末梢的にいえば、皮膚の色の違い、体臭の違い、イスと畳の生活の違いにまで、さかのぼらなければ、わからない問題だと思ったのです。そして結論的にいえば、そこに生まれた人で、そこの血をうけた人でなければ建てられない建築だと断じたわけです。とすれば、日本の伝統の建築も、それと同じように、日本民族の血をうけた、日本人でなければ、断じて出来えないものであります。こう考えてきますと、やはり、日本人は、日本建築によって、西欧の名作と対決すべきだ。また、りっぱに対抗できる。

（吉田五十八「数寄屋十話」『饒舌抄』中公文庫）

この血統第一主義の、一種ナチス的な書き出しは、「氏より育ちではなく、氏と育ちだ」という、吉田の有名な「お坊ちゃま」コメントとも響き合うところがある。太田胃散の創業家に生まれた吉田の自尊心に反発や怒りを感じる人もいるだろう。しかしその後のセンテンスを読み進めると、胸をなでおろすことができる。

しかし、現在の日本建築の姿そのままでは対抗できない。いまの日本建築は、ただ祖先の遺産にすぎないからである。それを遺産から、自分の資産に引きもどさなければならない。それには、いままでの伝統的日本建築に、近代性を与えることによって、別の違った新しい感覚の日本建築が生まれるに違いない。(略)私はまず、数寄屋建築の近代化から手をつけてみようと考えたのであります。ということは、従来の日本建築のうちでは、数寄屋が一番近代化されており、現代生活に引きもどしやすいと、考えたからです。(同前)

戦前の若き日の欧米歴訪の後、吉田は驚くべきスピードで人生の結論に到達してしまった。「数寄屋の近代化」という方法を「グランド・ツアー」直後に発見したのは吉田の天才的な早熟の産物といえるが、もちろんここでも、すべての「天才」の場合と同じように、周辺の状況が「天才」を誕生させたともいえる。

吉田の焦りと矛盾

病弱ゆえに八年かかって大学を終えた「お坊ちゃま」の吉田を追い越してゆくように、藝大同門の二人の年少の俊英、水谷武彦《みずたにたけひこ》(一八九八—一九六九)、山脇巌《やまわきいわお》(一八九八—一九八七)が、岡田信一郎(図3)にすすめられて吉田の遊学に相前後してバウハウスに留学し、モダニズムの正統であるバウハウスの方法を日本に持ち帰った。

吉田に焦りがなかったはずはない。一気に自分の遅れを反転させようと、吉田は「数寄屋の近代化」という方法の発見によって一発勝負に出る。

一九二六年に帰国した後、吉田は近代数寄屋と呼ばれるスタイルの住宅建築を生み出して快進撃を開始した。建築家は画家や音楽家などと比較して一般に奥手であり、晩熟であるといわれる。発注者《クライアント》がいないとそもそも仕事の経験を積むことができず、しかも建築の設計に必要な知識は広範に及ぶゆえ、数々の経験を経てやっと自分のスタイルが見えてくるからである。

しかし、吉田は大学卒業に八年を要したにもかかわらず、あるいはそれゆえに、異様に早熟であった。帰国後わずか九年で、自分のスタイルをまとめた小論「近代数寄屋住宅と明朗性」(『建築と社会』一九三五年一〇号)を発表した。論文にもそこに収録された作品のイメージにも、すでに吉田五十八という建築家のすべてを出し切っている。この論文の要点は、吉田が数多くある日本の建築様式の中から数寄屋の様式を選んでいたということにある。なぜ吉田は数寄屋を選択して、それを近代化しようと決断したのであろう。

図3　岡田信一郎

その理由については、ここでは明確に示されていない。

むしろ逆に、数寄屋建築は近代化の対極にあると正直に告白している。茶道という複雑な人間関係、複雑なルールにしばられたことで、数寄屋は近代性とは正反対なものに堕ちてしまったと、吉田は数寄屋を鋭く批判する。

では、にもかかわらず、なぜ吉田は数寄屋様式を選択したのだろうか。その選択は、戦後という別種の時間の中で、ニューヨーク近代美術館（ＭｏＭＡ）が、数ある伝統的日本様式から数寄屋の対極にある書院造という様式を選択したことと好対照であった。

吉田は、茶室がそもそもハンブル（清貧）なものであったことを発見して、ハンブルさの中に可能性を見出したのである。

> 茶室は誰でも知れる通り、室町時代に足利家一党が北山に金閣を、又北白川の辺りに銀閣を建立してその殷賑《いんしん》を誇ったとき建築したとかが始祖であるが、その客間のほんの一部として夕佳亭（建築年代は遅れて居るが）東求《とうぐ》堂《どう》を建築して、金閣銀閣の豪華版に対して侘びの趣味、即ちその Contrast としての数寄屋を設備したのである。
>
> （前掲「近代数寄屋住宅と明朗性」）

金閣、銀閣の「豪華さ」に対するアンチテーゼが、数寄屋のスタートであったことを吉田は思い返し、そのアンチテーゼとしての質素さにこそ、未来の建築様式へとつながる大きな可能性があることを発見するのである。

反様式主義である近代化とは、本質的に反貴族主義であり、材料においてもスケールにおいても反豪華主義であった。モダニズムの建築家は、その価値観と美意識を共有していた。名門に生まれ、それを強く意識していた吉田はその矛盾を理解していたはずである。その矛盾と焦りとが最終的に彼独特の数寄屋を生んだ。それは「明るい」数寄屋という解答であった。吉田もモダニズムの子であり、時代の子だったのである。

そもそもの清貧さからスタートしたはずの数寄屋建築が、煩雑なルールが支配する茶道というシステムによって変質し、堕落してしまったというのが、モダニスト吉田の認識であった。数寄屋をどのようにしたら、貴族主義と家元主義から解放することができるだろうかと、彼は模索する。それは吉田の出自とモダニズムとの折り合いをつける作業でもあった。

吉田が出した答えは、論文のタイトルにもなっている明朗性である。明朗性は、人の性格の形容には使われても、建築論に使われることは稀である。今日の建築用語でいえば、明朗性とは透明性と開放性とが合体したものといってもいい。視覚的に透明なだけではなく、動作的に開放可能なのである。人間の感覚器官からの信号は大きく視覚系と聴覚・動作系に分かれると考えられているが、吉田は動作系を駆使して、透明性を実現しようとしたともいえる。建具の開放によって透明性を実現してきた日本の伝統空間は、動作系に対する配分がそもそも高く、吉田はその部分を見事に取り込んでいった。

明るい数寄屋と引き込み建具

モダニストたちがこぞって透明性を追究していた二〇世紀初頭に、透明ではなく明朗な数寄屋、明るい数寄屋というきわめてユニークな解答を吉田は提案したのである。コルビュジエ、ミースをはじめとする多くのモダニストは、ガラス面を大きくすることで透明性をあげようと試みた。しかし吉田は、ガラス面が大きいだけでは明朗性はあがらないと考えた。吉田はガラスに頼らなかった。建具をすべて壁の戸袋に引き込んで、文字通りに開放し、内部と外部とを完全に一体とすることこそが、明朗性の究極の形であると考えた(図4)。その建具の引き込みを、日本の大工の、世界に類のない技術を用いてアクロバティックに実現したのである。

それは、ガラスをはじめとする工業製品の製造において遅れをとっていた戦前の日本ならではのユニークな解答とみなせるかもしれない。吉田は日本の後進性を逆手にとって、ガラスに依存していた西欧のモダニストのはるか先のレヴェルに一気に到達した。エアコンと大型ガラスに依存し、密閉されて不健康な内部空間を量産し続けたモダニズム建築の技術至上主義・内部空間中心主義を、戦前の吉田は飛び越えてしまったのである。吉田の動作系に働きかける透明性の方がはるかに革新的であり、未来的ですらあった。

そのユニークなアイデアは、藝大の学友である画家たちの家を設計する過程で生まれ、進化したものであった。印象派以降の近代の画家たちは、日本画家・洋画家とともに自然光を最大限に採り入れたアトリエを望んだ。コルビュジエが友人の画家、アメデエ・オザンファンのアトリエ(一九二四)でガラスの面積の最大化にチャレンジしたように、吉田はコルビュジエとほぼ同じ時期に、画家の家のプロジェクトを通じて、巨大な引き込み式開口部のディテールを進

図 4 山口蓬春邸の引き込み建具(吉田五十八, 1967)

化させていく。はめ殺しの大型ガラス戸が適さない日本という湿潤な気候条件にフィットした最大の透明性を、外光を必要とした印象派以降のアトリエをきっかけに手に入れたのである。

線の排除と大壁造

吉田が追究した明朗性のもうひとつの側面が抽象性であった。吉田自身は抽象性という用語は使っていない。抽象性とは煩雑な装飾を排除し、工業化に適したシンプルな表現を追究した二〇世紀モダニズムの最大の目標であった。そして後述する村野藤吾の和風建築と比較した時、最も大きな差異として際立つのは、村野の具象性に対する吉田の抽象性である。村野はモダニズムの世紀、二〇世紀を生きながら、具象性をいとわず、装飾的表現に平然と足を踏み入れていった。村野は「様式の上にあれ」という警句を残したことで知られている。様式建築の根幹を形成する装飾的表現を避けるのではなく、その装飾的表現をも自由に駆使しながら、「その上」に違う次元の建築的表現を獲得しなければならないというのが、「様式の上にあれ」の意味するところであった。

そもそも吉田は徹底したモダニストであり、一見「和風」とくくられる建築表現の中において、抽象化を徹底した。装飾を嫌っただけではなく、線の多さも忌み嫌って、あらゆる線を建築から排除していった。

図5　東山旧岸邸の大壁造（吉田五十八，1969）

その結果として登場したのが、吉田のトレードマークともいわれる大壁造《おおかべづくり》である（図5）。吉田以前の日本の木造建築は、基本的にすべて真壁造《しんかべづくり》であった。木造建築は柱という構造体によって支えられている。その構造体としての柱を見せながら柱と柱の間を壁や建具で閉じていくのが、書院造・数寄屋造などあらゆる日本建築に共通の大原則であった。

吉田は、歴史上はじめてこの大原則を堂々と否定したのである。その大発明によって生まれた、線が少なく、もっぱら抽象的な面の構成からなるシンプルな空間は、従来の和風建築にはない明朗性を獲得したのである。それはまさに明朗性という言葉にふさわしい、シンプルさと明るさとが両立する空間であった。

この大壁の発明によって、吉田流の和風は一気に日本中に広まっていった。その影響の大きさは、吉田に対する潜在的な批判者であった村野も認めるところであり、村野はこう吉田を評した。「これこそ建築における新日本的風格として長く建築史のうえに輝かしい一頁を飾ることになるものだと信ずる」(村野藤吾「吉田流私見」『村野藤吾著作集』鹿島出版会)。

その功績を十分に認めた上で、村野は吉田を東京流で硬いと批判し、一方の自分には関西風のソフトさがあると自己分析するのである。ここで建築における関東vs.関西という問題が登場する。それは、タウト、武田五一、藤井厚二の東京に対する批評性に通じるテーマであり、日本の建築を語る上で避けては通ることのできない、重大なテーマであった。そしてもちろんのこと、その背後には構築性vs.環境性という建築史の根本的テーマが控えていた。

村野のヨーロッパ体験と反東京

従来の日本建築論の中では、このテーマも素通りされ、とりあげられたとしても、単なる趣味にかかわる軽いエピソードとしてしか扱われてこなかった。一方、村野は、「かけあんどん」を東京の職人に作らせた身近な体験から、ウィットに富んだ深い東西論を展開していく。

このほど東京のある建物に「かけあんどん」をつけるので、スケッチを渡して作らせたところ、できあがったのを見て驚いた。驚いたというより、出来のいいのに感嘆したのである。繊細で刃物のように切れるかと思うほど、隅々や桟は美しく清潔で、定規で引いたような正確な出来ばえであった。（略）指物《さしもの》のことになるが、東京と関西とではよくいわれるとおり手法も感じも違う。味覚ほどでないにしても東京の方は堅く、しかし、磨きたてた美しさがあり、どことなくつけ味の感じがないでもない。ところが関西の方はどこかに艶消しでソフトなように思う。（略）もちろん堅木物であるが、なんとなく東京が堅木なら関西はまず杉とでもいいたいところで（略）東京で仕事をしてみての感じとしては、東京の職人はどこかに指物の手法が仕上の仕方を見れば職人の意識にしてもそうだろうが、その影響があるのではないのか。堅木を扱う職人のような感じがして、軟らかいところ、ぬけたところのないことが目につくように思う。（同前）

村野は軽口のふりをしながら、見事にみずからの和風建築の本質を解説し、吉田、村野の差異を整理した。僕の興味をひくのは、村野はなぜ、どのようないきさつを経て、このような反東京的視点を持つにいたったかである。

それをさぐる糸口は、吉田と村野のそれぞれのヨーロッパへの旅と、ヨーロッパに遭遇した後のリアクションの中にある。吉田は一九二五年にヨーロッパを訪れ、ヨーロッパの古き建築群に圧倒され、先述の血統主義的感想を発し日本への回帰を宣言した。一方、村野は勤務していた大阪の渡辺節事務所を退所した後、一九三〇年にヨーロッパを旅している。本人の性格、資質の対照性はもちろんであるが、五年間のギャップもまた大きかったに違いない。この五年間はモダニズムという建築デザイン革命の、まさにピークの五年間であった。吉田が「革命」の前のヨーロッパを訪れたのに対し、村野はその「革命」の産物と「革命前夜」の建築物の両方を見るチャンスにめぐまれたのである。

村野が旅行前に最も興味を抱いていたのは、「革命」の最前衛とでも呼ぶべきロシア・アヴァンギャルドの建築群であった。村野の優美で大人びた作風、そして日本の最上層に属するそのリッチなクライアントたちからはまったく想像できないが、村野の生涯の愛読書はマルクスの『資本論』であり、村野は生涯、民衆のための建築とは何かを考え続けた人間であった。

革命への挫折、北欧建築の発見

その民衆の建築を探す村野の旅は、まずシベリア鉄道でのモスクワ訪問から始まった。革命のタワーと呼ばれた第三インターナショナル記念塔をデザインしたウラジミール・タトリンにも面会し、村野は「革命」を熱心に訪ね歩いた。しかし、ここで村野は大きな失望を覚える。旅の日記に「革命は人を幸せにしていない」とはっきりと記した（村野のモスクワ訪問について、松隈洋「村野藤吾のヒューマニズム建築思想」を参照した)。

逆に村野を感動させたのは、「革命」前夜に建てられた北欧の建築、特にストックホルム市庁舎(一九二三、図6)であった。その時代の北欧の建築群は、ある意味で建築史から忘却された存在であった。様式的な装飾の残照に溢れ、煉瓦をはじめとするローカルな素材で作られた折衷的で中途半端な建築であるとして、当時のモダニストたちは北欧建築を見下していた。しかし、村野はまったく逆の評価をする。

図6　ストックホルム市庁舎(1923)

欧州の建築界はさびしく感ぜられた。ただ、北欧諸国の、地についたような諸建築、たとえばストックホルムの市庁舎なり、音楽堂なり、図書館なり、また、フィンランドにおけるサーリネンの作風なりが、独仏の建築と同じ程度に紹介せられてないことは残念に思った。

（村野藤吾「動きつつ見る」、前掲『村野藤吾著作集』）

この旅から戻って村野は自らの事務所を開設するが、戦前の村野は仕事の依頼が少なく寡作であった。一方にモダニズムの「革命」への熱狂があり、他方に「和の大家」の吉田五十八の快進撃があって、戦前の村野には居場所がなかったように見える。

その困難な状況から村野を救いあげたのは、日本との遭遇、より具体的にいえば数寄屋建築との遭遇であった。村野の心を強く打ったストックホルム市庁舎は、スウェーデンの民家という「折衷」の相手を見つけることによって、「地についたような」豊かさを獲得し、「民衆の建築」となりえた。村野もまた、「折衷」の相手として数寄屋建築を発見し、日本における「民衆」の建築を見つけていく。吉田が数寄屋を、日本という場所でモダニズムを追究するための道具として発見したのに対し、村野は数寄屋に「民衆」を発見したのである。

「西」の数寄屋

そのひとつのきっかけとなったのは、村野の若い頃の借家の家主であり、後に村野に事務所の地所を譲った、大阪の素封家で趣味人としても知られていた泉岡宗助《いずおかそうすけ》であった。村野は仕事のほとんどなかった戦時中に茶を習い始める。

この空虚や、寂しさを癒すのにはお茶をやることでいくらか慰められると思って始めることにした。五十歳を過ぎての芸事である。習う方でもまず、師匠のことが気になった。そこで例の泉岡さんに相談したところ三好に聞けといわれた。三好氏というのは指物師で茶道具の名人として知られ、また茶人でもあった。

（村野藤吾「和風建築について」、前掲『村野藤吾著作集』）

その泉岡は村野に和風建築を設計する際の心得を伝授したと、村野は記している。

自己流の道を模索する糸口のようなものを与えてくれたのは泉岡さんではなかったかと思う。次に泉岡語録の二、三を紹介しよう。

一、玄関を大きくするな。門戸を張るな。

一、外からは小さく低く、内にはいるほど広く、高くすること。

一、天井の高さは七尺五寸を限度と思え、それ以上は料理屋か、功成り名とげた人の表現になるので普通でない。

一、柱の太さは三寸角、それ以上になると面取りで加減したり、ごひら(長方形)にする。
一、窓の高さは二尺四寸、風炉先屏風の高さが標準。
一、縁側の柱は一間まに建て、桁に無理させぬこと、これで十分日本風になるはずである。
一、人の目につかぬところ、人に気付かれぬところほど仕事を大切にして金をかけること。
一、腕の良さを見せようとするな、技を殺せ。

(同前)

ここで村野は泉岡の口を借りながら、吉田五十八批判、さらにいえば東京批判を行っている。その批判の要点を一言でいえば、関東は品が悪く、関西は品がいいということである。

関西の小ささ、関東の大きさ

建築ほど、品がいい悪いという評価基準が、頻繁に用いられる世界はないかもしれない。なぜなら、オールドリッチ「既得権益を持つ富裕層」がニューリッチ「成金」に対して浴びせかける形容詞として最も一般的なものが「品が悪い」だからである。そしてオールドリッチはそもそも建築を新たに建てる必要はなく、ニューリッチが、その新しく手に入れた富を手っ取り早く誇示するための手段が、建築という大げさなメディアなのである。すなわち、建築家としては自虐的な言い方になってしまうが、建築とは本質的に「成金」の産物以外のなにものでもない。公共建築、民間建築を問わず、この原則は当てはまる。公共にもオールドリッチとニューリッチがあるからである。

そして西から開けていった日本という国では、歴史的に西はオールドリッチ、東はニューリッチであった。西では伝統的に「品が悪い」というタームを使って東を批判し続けてきた。村野、泉岡による東批判もその常套手段のひとつのヴァージョンに過ぎないという言い方もできる。村野、泉岡は一言でいえば、西の建築が「小さい」のに対して、東の建築は「大きい」と批判しているのである。

それは単に成金が大きい建築を建てたがるという単純な現象をさしているだけではなく、そもそも早くから開発されて土地の少ない西では、小さな敷地の中でやりくりして小さくきめの細かい建物を作らざるを得ないという事実とも関係している。

そのような歴史的な事情の積み重ねの結果として、事実、今日においても東と西の和風の中には微妙な差異が存在する。たとえば、廊下に木製の縁甲板《えんこういた》を敷き詰める時、東は縁甲板を長《なが》手《て》方向に貼って廊下の長さを強調しようとするのに対し、西では短手《みじかで》方向に貼って、長さ・大きさの表現を抑え、空間のきめの細かいヒューマンスケールを大事にするのである。

村野は泉岡の口を借りながら、東の「大きな建築」を批判して、美しさや機能性というウィトルウィウス以来の西欧の伝統的な評価基準の上位に、品がいい悪いというもうひとつの評価基準を提示したといえる。ニューリッチの産物でしかない建築という領域では、品という評価基準は世界中どこでも見出される普遍的なものかもしれないが、東西という新旧勢力の対立が長期的に固定され、継続してきた日本という場所において、最も先鋭化し、洗練された。そして品の悪さをめぐる東西の確執が、日本の建築文化を進化させてきた。

この品をめぐる関東批判に対して、関東が提示した対抗的な新基準が「粋」であったと僕は感じる。粋は江戸時代、花柳界で生まれた美学であり、そもそも建築などという永続的な資産は無意味・無価値であり、「宵ごしの金は持たない」という反建築的なニヒリズムがそのベースにある。関東は建築ニヒリズムで、関西の「品のある建築」に対抗したのである。

大地の発見

村野は、自分のスタイルの原点として、この泉岡との交流、茶道との接近の他に、もうひとつの特別な体験について書き記している。

そして戦禍はひろがり日ごとに大爆撃や大破壊が繰り返されていた。その頃、疎開に買い出しにと田舎に行くことが多くなった。長い戦争で手入れができないのか、屋根は傾き壁土は落ちくずれて土に還ってゆくような農家の姿が、大量破壊とはあまりにも対照的な印象で、それがまた、一層私の心をとらえた。(略)くずれて大地に落ちた土壁は無抵抗で、たとえば安んじて天命を終えた人間の一生にもたとえられそうに思った。大地から生えたものが大地に還ってゆくようで、この姿は戦後における私の作風に影響を与えたように思う。

(同前)

図7　新高輪プリンスホテル(村野藤吾，1982)

この崩れた土壁の一節は、すぐに村野特有の壁と大地とを融合させた独特の表現——たとえばカトリック宝塚教会(一九六五)、新高輪プリンスホテル(一九八二、図7)——を想起させる。さらにこの記述は、建築の部分の表現を超えて、村野の建築の本質をほのめかしているように僕には感じられる。その本質とは、建築の「弱さ」に対する志向性である。

一般的に、そして常識的に、建築で必要とされるのは「弱さ」ではなく「強さ」である。世界初の建築書と呼ばれるウィトルウィウスの『建築書』でも、建築が満たすべき三条件として「用・強・美」を挙げ、古来、強いことは一貫して、建築デザインの最重要課題だと考えられてきた。しかし村野は逆に、戦禍によって破壊された建築の「弱さ」に美を見出している。「弱さ」こそが「民衆」の建築のきっかけになることを、発見するのである。

弱さの発見と瓦礫の上に咲く花

「弱さ」の発見は、必ずしも村野の独創であったとはいえない。千利休によって完成されたといわれる数寄屋の美学も、「弱さ」の美をはっきりと志向している。さらにそのルーツをたどっていけば、北山文化から東山文化への転換こそ、「強さ」から「弱さ」への転換を象徴する大事件であった。

南北朝統一を果たし、室町時代前期、三代将軍足利義満は金閣寺に代表される北山文化を開花させ、時代の勢いを「強い」建築を用いて表現した。一方、それからわずか一世紀の後、八代将軍足利義政は、半ば自らの責任で引き起こされた応仁の乱の戦火を逃れるように、京都の北西のはずれにある東山の地に居を移し、そこに銀閣寺を建立した。金閣の「強さ」に対して、銀閣のテーマはまさに「弱さ」であった。さらに、銀閣の脇に義政自身の住まいとして建てられた東求堂(一四八六)は日本初の書院と呼ばれ、その三・五間四方のそもそも小さな屋敷をさらに四つに仕切ることで生まれた四畳半の書斎、同仁斎《どうじんさい》は、日本初の草庵茶室とも呼ばれる。東求堂は簡素と洗練の極致であり、「小ささ」の徹底した探究であった。

わずか一〇〇年足らずの間に「強さ」の金閣―北山文化から「弱さ」と「小ささ」の銀閣―東山文化への大転換が図られる。建築にとどまらず、能・茶道・華道など、のちの日本文化のすべてのコアが、この東山文化という「弱さ」をベースとする文化の中から生まれ、その後、大きく育っていった。

さらに応仁の乱から続く戦乱によって、多くのアーティストや知識人が地方の守護大名のもとへと身を寄せたことで、京都中心の求心的な構造を持っていた日本文化が地方へと拡散していく。その後に続く江戸時代の藩を単位とする分散型の文化構造も、この戦火と混乱に起因する、「強さ」から「弱さ」への転換と同時に芽吹いたのである。

この転換には、単に為政者の趣味に留まらない深さがあった。東山文化に代表されるように、日本の文化は、戦禍や天災のような大災害《ディザスター》と深くつながっていた。ディザスター、すなわち自然や戦争のような、抗しがたい大きなものに「負ける」体験から、「負け」に美を見出す「弱さ」の文化が生まれたのである。大きな悲劇のたびにこの文化は展開し、新しい花を咲かせた。

まさに日本文化は瓦礫の上に咲く花だったのである。

建築に話を戻せば、東山文化の「弱さ」は為政者やアーティストたちの美学に結晶しただけではなく、庶民の建築材料に対する好みにまで大きな影を落としている。杉という「弱い」木材が、そのやわらかで暖かな美しさを買われ、室町時代から建築で盛んに使われ始めている。日本建築の中には、「弱さ」へと志向する、世界的に見ればきわめて例外的な美学が内蔵され育っていった。「弱さ」は物質・材料そのものにおいても、追究されたのである。

村野もまた「革命」への夢に破れた戦禍で「弱い物質」を発見した。コンクリートと鉄を主材料とする、そもそも「弱さ」の対極にあった二〇世紀建築の中に、「弱さ」を持ち込むという挑戦がそこから始まったのである。

二種類の数寄屋

この「弱さ」に対する意識において、村野と吉田は好対照を見せる。伝統建築の中で、数寄屋に大きな可能性を見出したという点は、吉田も村野も共通していた。

私はまず、数寄屋建築の近代化から手をつけてみようと考えたのであります。ということは、従来の日本建築のうちでは、数寄屋が一番近代化されており、現代生活に引きもどしやすいと、考えたからです。

（前掲「数寄屋十話」）

吉田　〔桂離宮は〕床があれだけ高いでしょう。にもかかわらず、軒の出が割合に少いですね。あれはどういうわけだろう。プロポーションからいうと、もう少し軒が出た方が、形がいいと思う。

岸田　床の高いのは洪水でも……と言っていましたよ。

堀口　あそこは一軒《ひとのき》だから、出せないんだ。

（岸田日出刀、吉田五十八、堀口捨己、谷口吉郎「座談会　日本建築」、前掲『饒舌抄』）

これらの吉田の言葉に明らかなように、同じく数寄屋という言葉を使いながら、吉田と村野の数寄屋観には明らかな差異が存在する。村野にとって数寄屋とは「弱さ」であり、「弱さ」によってもたらされる美しさであった。村野は「弱さ」を探して数寄屋につき合った。一方、吉田に「貧しさ」への志向は見受けられない。むしろ逆に、吉田は「大きさ」を志向した建築家であった。吉田は桂離宮があまりお気に召さなかったようで、数寄屋の到達点のひとつといわれるこの名建築を、軒の出が少ない貧相な建築であると堂々と批判する。

桂は軒の出が小さいだけでなく、古書院の屋根にムクリが加えられていて（図8）、屋根を小

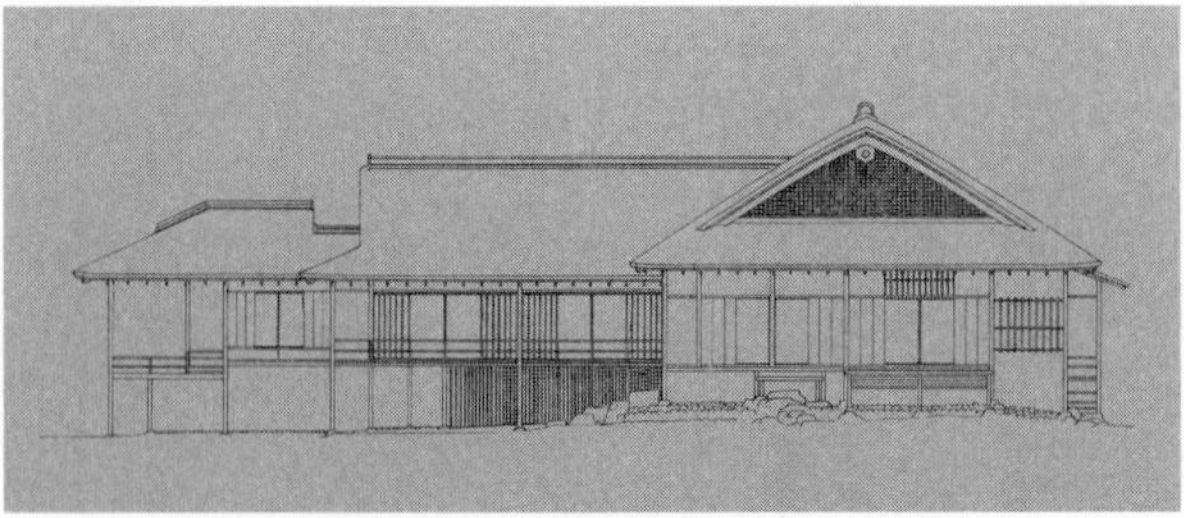

図8　桂離宮，古書院のムクリ屋根

図9　佳水園(村野藤吾，1959)

さく見せようとする志向に貫かれている。桂離宮をムクリ屋根の起源とする説もあるが、逆に屋根を大きく見せようとするソリが、中国のみならず、建築を「大きく」見せる目的のために世界じゅうで多用されていたのに対して、桂のムクリは世界の屋根の中でも珍しい。村野はこのムクリを多用し、ムクリの一種の変形ともいえる蓑甲《みのこう》(破風ぎわの曲面をなす部分)と呼ばれるディテールも好み、切妻の端部に蓑甲をのせることで、屋根をより小さく、やわらかく見せる技を繰り返した(図9)。

屋根ひとつをとっても、わずかなカーブにこれだけの意味があった。そのような感性の場で、このムクリというヴォキャブラリーは、日本においてはしばしば皇室関係の建築物で用いられ、江戸幕府によって建設された二条城では、皇族が使用する本丸御殿のみがムクリ屋根を載せている。武士的なものは屋根をソラせて大きく見せ、皇室的なものは、屋根をムクらせて、つつましく見せるという暗黙のルールが存在した。

さらに吉田は桂離宮の柱の細さが気に入らなかった。柱に限らず、書院も含めて、日本の伝統的建築は柱が細すぎて貧弱であると吉田は感じていた。

だいたい書院なんかでも細いですね。昔の書院の柱を調べて見ると、だいたい柱の長さは、尺付(断面寸法の意、著者注)の二十倍くらいですね。この数字は、昔の木割《きわり》らしいですが、今はもっと太くなってますよね。（略）〔桂離宮の材料は〕ひどいですね。雨漏りなんかして、途中でとっかえたかも知れないが、あれが最初からのものとしたらお粗末ですね。桂離宮の新しい書院の、縁子、あれなんかひどいですよね。今は、非常に木目が目立っているから見られるようなもののね。（略）今見ると、古びがついて、黒くなっているので見られるが、出来たときは見られなかったと思いますね。今桂をあの通りの材料でつくったとしたら、安っぽくておそらく見られないと思うんですね。天井板だって、白太《しらた》が混っているんじゃないですか？（略）そういう意味じゃ、室町あたりの茶席なんかも、粗末ですね。

（吉田五十八、清水一「対談　木のこと　木造建築のこと」、前掲『饒舌抄』）

木材不足と細い柱

皮肉なことに、桂離宮は昭和の大修理（一九七六―八二）に伴う解体調査によって、創建当初から漆を用いて、木材に古色が加えられていたことが判明した。吉田が想像したように、時代を経て「古びがついて、黒くなって見られるようになった」のではなく、最初から上等ではない材料に、漆で黒い古色をつけて、「見られる」ようにしていたわけである。この吉田のコメントから、戦後の吉田の和風建築にコンクリート製の太く武骨な太い柱がなぜ登場したか納得できる。

吉田は、木造は細い柱から太い柱へと進化したという形の、木造進化論に立っていた。細い柱から太く立派な柱への変化を、吉田は木造建築の技術的変遷と関連づけて論理的に説明している。

一本の木の断面の中心を芯と呼び、芯を含む形で製材したものを芯持ち材という。芯持ち材は一般的に強度があり、腐りにくいとされる。一方、芯をはずして製材したものは芯去り材と呼ぶが、吉田は電動ノコギリのない時代には芯去り材を製材するのが難しく、柱はほとんどすべて芯持ち材であり、その技術的制約と柱の細さとが関係していると考えた。「細いだけにやっぱり芯持ちを使わないと、もたないということもあったんじゃないですかね」(同前)。

桂離宮の細い柱には、製材技術の問題と同時に、日本における木材の不足という状況も深くからんでいた。急峻な地形の狭い国土という自然条件によって、日本は早くも鎌倉時代から、木材の不足という問題を抱えていた。東大寺が再建のたび規模を縮小せざるを得なかった最大の理由は、木材の不足であったと考えられている。巨木を切った後は、当然、植材に依存せざるを得ず、樹齢六〇年程度の細い木の利用が一般的であった。南都焼き払い後の鎌倉時代の東大寺再建では、細い木を束ねて太い柱を作るという、現代の集成材のような技術に頼らざるを得なかったほどである。

細い木の芯持ち材を柱に使うという日本独特の木造文化は、日本の自然条件に頻繁におこる地震・火災という条件が加わり、木の不足はこの国の経済と文化を規定する大前提になっていたのである。室町以降の数寄屋の美学・弱さの美学への志向性もこの日本的な自然条件の産物であったということもできる。言い方を変えれば、戦禍・自然災害・そして急峻な国土を含めたすべての「弱さ」が相乗して、日本建築の「弱さ」が生まれたのである。

吉田はこの細さの文化に反旗をひるがえしたとも言える。その点では吉田は「和の大家」であったにもかかわらず、非日本的建築家であった。細い芯持ち材の柱は空調によってどんどんヒビが入るので、和風建築は木造にこだわる必要はないとまで考えていた。吉田は、木材を接着剤で積層させることで強度を増した集成材の表面に、紙のように、「練り付け」と呼ばれる薄い木製シートを貼り付ける技法を否定しなかった。否定しなかったという以上に、木の美しい木目を見せようとしたならば、「練り付け」がベストの方法であると考えた。それはある意味で、映画や芝居の仮設セットのような木の建築である。「木造建築の生きる道の一つはそういうセット的なものじゃないんですか」(同前)と、「和の巨匠」は言い切ってしまうのである。

吉田が示した木造建築の新しい方向性は、戦後に本格化する日本の工業化との相性も抜群であった。コンクリートや鉄でできた巨大建築の中にも、吉田の「練り付け建築」「セット建築」は、なんの不整合もなく、ぴったりと収まっていった。

そして「細い美学」に対する「太い美学」は、戦後の建築業全体の技術的方向性とも一致した。工業化とは、一言でいえば手間の最少化である。工業化の初期段階では労働者の人件費、すなわち手間代が安い。しかし工業化の進展は賃金を上昇させ、多少材料費があがったとしても、手間代削減を至上命令とする工業のシステムへと変化していく。たとえば細い鉄骨を複雑に組んだ構造体は、材料費は安いが、接合するのに多くの手間がかかる。一方、同じ耐震性能を有していても、太い鉄骨を使った単純な構造体は材料費は高いが、手間代が減るので、成熟した工業化の中では総合的に安価である。初期の鉄骨造の工場が細い線材の組み合わせでできていて、とても繊細で透明にみえるのはそのせいである。

鉄骨造にかかわらず、工業のあらゆる分野でこの手間の最少化の原理が働き、賃金の上昇と共に「繊細な工業」が「無骨な工業」へと転換していった。吉田が推し進めた「太い美学」「太い和風」は、その点においても工業化の進行という戦後日本の流れを見事に予測し、「無骨な工業」と巧みに併走したといえる。吉田は戦後という特殊な時代における「和の巨匠」であって、狭い国土とめぐまれない材料の中で小ささ・弱さへと進化し続けた日本の木造の歴史の中では一種の異端であったように僕は感じる。それは、吉田が異端であっただけではなく、彼が生きた時代が日本の歴史の中で異形だったのである。

戦後日本と吉田の併走を象徴するのが、吉田がデザインした第四期歌舞伎座である(図10)。吉田の師でもあった岡田信一郎の第三期歌舞伎座のファサード(図11)を踏襲しながら、インテリアにおいて、吉田は大胆な改変を行った(図12)。岡田のデザインによる、細い木材を組んで作り上げた繊細な格天井《ごうてんじょう》(図13)を、練り付けの大梁による傾斜天井へと変更したのである。舞台から客席へと一気に上昇するこの斜めの大梁は、舞台へと客の視線を集中させ、さらにそれまで水平性が支配的であった江戸時代以来の歌舞伎の空間に、ダイナミックな垂直性とパースペクティヴを導入したのである。吉田はまさに、戦後という時代が求めるスペクタクルを理解して、見事に建築へと翻訳したのであった。

僕らが携わった第五期歌舞伎座のファサードも基本的には吉田の設計した第四期歌舞伎座を踏襲することが求められた。僕らの図面を見た吉田五十八の高弟の今里隆先生から、一点の注意があった。吉田の歌舞伎座は、コンクリートの太柱をヴォリュームの出隅・入隅に目立つように設けることで、和風建築らしい柱と壁の繰り返しのリズムを構成していた。円柱の芯《センター》と、壁のセンターとを一致させる通常のやり方で柱を収めた僕らのディテールは吉田流ではないというのである。確かに、吉田の歌舞伎座を詳細に検討すれば、柱の芯と壁の外面《そとづら》とが揃い、柱が壁から飛び出して柱が強調される、特殊な収まりであった。僕らのやり方だと、出隅でも入隅でも壁厚分だけ丸柱が壁の中に埋まってしまい、丸柱の押し出しがきかない。

第四期のファサードは、基本的には戦災にあって破壊された第三期のファサードを補修して再利用したものだから、この丸柱を突出させる収まりは岡田信一郎の発案に違いない。岡田は大阪市中央公会堂(一九一八)、明治生命館(一九三四、図14)などの洋風の様式建築の名作を設計したことで知られ、柱の垂直性を強調することで強いモニュメントを作る、パルテノン以来の西欧の古典主義建築の作法を熟知していた。そのようにして眺めると、第三期歌舞伎座は、丸柱の収め方にしろ、両脇のヴォリュームを突出させて中心を強調する方法にしろ、建築の象徴性を高めるために進化してきた西欧的な建築方法を、歌舞伎座という日本的なプログラムに巧みに当てはめたものと見えてくる。その岡田の方法、すなわち建築を「強く」する西欧的方法を吉田は見事に継承・発展させた。上を向いて進む戦後経済成長の時代に似合う形で、吉田はその西欧性に磨きをかけたのである。

吉田の第四期歌舞伎座を引き継いだ僕らは、いくつかの小さな変更、小さな批判を試みた。ひとつは庇を深く出すことである。岡田も吉田も、柱やヴォリュームの分節による垂直性の創出に興味があった。しかし庇という水平的な建築エレメントに彼らは関心を示さない。戦後日本とは、そのようにして上を向いて走る時代だった。逆に僕らの第五期では、庇を構造的な限界まで深く出すことによって、全体のヴォリュームを、庇が作る影の中に消していこうと試み

図 11　第三期歌舞伎座(岡田信一郎，1924)

図 13　第三期歌舞伎座の格天井

図 10　第四期歌舞伎座(吉田五十八, 1950)

図 12　第四期歌舞伎座の傾斜天井

図14　明治生命館(岡田信一郎, 1934)

た。深くした庇はささやかな戦後日本批判であった。

さらに庇を支える垂木《たるき》でも、岡田・吉田のデザインに小さな変更を加えた。岡田・吉田は、金網の上にモルタルを塗るという方法で細かい垂木を制作している。一方われわれは、工場で制作したプレキャストコンクリートの細い部材で垂木を作り、その部材の繊細さを見せるために垂木と天井の間に細い目地をとり、木造建築と同じように部材と部材を分節して軽やかさを持ち込んだ。そのように細さ・軽さを組み合わせながら、コンクリートの時代の申し子であった岡田・吉田に、小さな抵抗を試みたのである。第五期歌舞伎座の中には、「強い建築」に対するさまざまな批判がさりげなく仕込んである。

新歌舞伎座における村野の挑戦

その意味でいえば、村野が大阪の難波の駅前にデザインした新歌舞伎座(一九五八、図15)は、

図 15　新歌舞伎座(村野藤吾，1958)

吉田の第四期歌舞伎座への真正面からの批判であった。村野はここで連続唐破風という、日本建築の中でまったく例のないユニークなデザインに挑戦したのである。

そもそも弓のような反転曲線を用いた唐破風屋根は、日本の伝統建築の中では珍しい、押し出しのいい派手なデザインであり、平安時代以降、ファサードの「きめ所」に用いられてきた。唐という名前がつくが、実際には中国由来ではなく日本独自のもので、中国建築の派手さを感じさせる理由から、唐の字が付け加えられた。派手であることを何よりも好んだ安土桃山時代に、信長の安土城、秀吉の聚楽第《じゅらくだい》で用いられ、その時代の精神を象徴するシンボルとなった。

江戸四座と呼ばれた江戸時代の芝居小屋は、

幕府から反体制的演劇と見做されて弾圧を受け、劇場のサイズ・デザインも制限され、派手な唐破風を付ける余裕などなく、驚くほどに地味である。明治の中頃、パリのオペラ座に匹敵する日本文化の殿堂を作ろうという運動によって四座は統合され、一八八九年に第一期歌舞伎座が建設されたが、一九一一年に柿落《こけら》しが行われた第二期から、正面に唐破風が取りつけられた。いかにも歌舞伎にふさわしいその派手なデザインは、岡田の第三期、吉田の第四期でも当然のように踏襲されて、正面を飾り続けたのである。

村野の連続唐破風は唐破風そのものを否定したわけではない。そこに、村野による吉田批判の驚くべき辛辣さと巧妙さを見ることができる。唐破風の数でいえば、村野がはるかに吉田を凌いでいる。しかし村野の唐破風は、隣接する破風同士がつながり、まるでひとつの連続する波のように、あるいは無数の粒子が繰り広げる群舞のように、ファサードの全体を華やかに荘厳にするのである。単一の中心を強引に強調する東京の歌舞伎座の唐破風とは対照的な、やわらかく、なめらかな印象は、小型店舗が密集する難波の駅前の街並みとも見事なほど融け合っている。庶民のエネルギーに溢れたロケーションも含めて、新歌舞伎座は、村野の吉田批判、関東批判の結晶ともいえる作品である。

僕らは新歌舞伎座の再生プロジェクトに携わった際、この連続唐破風のファサードの上に、さらに無数のアルミルーバーで覆われた大きなホテルのヴォリュームを載せ、村野が生んだ粒子の舞のさらなる増幅を試みた。

捻子連子による吉田の挑戦

東京の第五期歌舞伎座でも、岡田が上に載せた求心性の強い千鳥破風を復活させるかで大議論があった。米軍による爆撃でその大屋根は消失したが、吉田の第四期では、コストが追い付かず、千鳥破風は再現されなかった(図10、11)。

同じく戦災で辰野《たつの》金吾《きんご》(一八五四―一九一九)デザインの象徴的な大屋根を失い、地味な仮屋根のまま戦後という時代を送ってきた東京駅丸の内駅舎(一九一四)は、第五期歌舞伎座プロジェクトと相前後して、求心的なドーム屋根を復原した。歌舞伎座でも同様に千鳥破風の再建/非再建の議論が始まった。しかし最終的に、東京駅とは逆に、千鳥破風の復原は行わなかった。西欧の首都の中心に聳え立つオペラ座を範とした、岡田による求心的・象徴的デザインは、現在の東京という都市には似合わない、東京が必要としているものではないと、建て主である松竹、歌舞伎の役者さんたちを含めて、チームの皆が感じたからである。

逆に僕らは、歌舞伎座の上に載る高層ビルのファサードにこだわった。通常、様式的建築物の上に高層ビルを載せる時は、様式建築を一種の基壇として扱い、その上にガラスのカーテンウォールで覆われたタワーを建てる解法が一般的である。しかしその手法は、重厚な基壇の上

図16　捻子連子窓

に軽やかなヴォリュームを置いて全体に安定感を与えるという、ヨーロッパの古典主義建築的解答の現代ヴァージョンでしかなく、あまりにも西欧的な手法であると感じた。日本のタワーには日本的な解答があってしかるべきではないか。僕らが選択したのは、捻子《ねりこ》連子《れんじ》窓《まど》(図16)にヒントを得た、菱形の断面形状を持つ柱が並ぶファサードであった。

　連子窓とは、神社や寺院の本殿や回廊に用いられる防犯性能を兼ねそなえた格子窓であり、捻子とは、四角の断面形状の部材を四五度にねじったもの、あるいは菱形の断面形状をもつ部材を指す。通常の連子窓は、連続する格子ひとかたまりの固い面を作ってしまうが、捻子連子窓とすると、ひとつひとつの格子が線として主張し、面というよりは線の表現となる。正面から見た時の間口《まぐち》率は同じでも、より透明感の高い、軽やかな表現となる。連子窓のように柱をそのまま正面に向けて並べると、通常のオフィスビルと同じ退屈な印象となってしまうが、柱の向きを四五度ねじって菱形断面にするだけで、細い線が浮き上がり、高層ビルのヴォリューム感を軽減できることに気付いたのである。

格子を単純に連続させただけの連子窓が、線であったはずの格子を面の中に埋没させてしまう危険は昔の大工たちも気付いていていた。だから、寺院、神社のような聖なるスペースにおいては、しばしば菱形断面の捻子連子が用いられた。また茶室においての連子窓ではほとんどの場合、角材ではなく細い丸竹が並べられた。小さな空間をいかに閉塞感・圧迫感から救出するかを目的とする茶室の意匠においても、丸竹から発せられる線の表現、透明感が大事にされたのである。

面取りと表層主義

この捻子の表現は、東京の歌舞伎座をデザインした吉田五十八にも、また大阪の新歌舞伎座をデザインした村野藤吾にもほとんど見られない。すでに見たように、吉田は「大壁の吉田」と言われた。柱の数を極力減らし、抽象化された壁の中に、象徴的な数少ない柱だけが突出する大壁と呼ばれる表現方法を発明し洗練させた。選ばれた柱が大舞台の上に立つ千両役者のように壁から突出して大見得を切る。その柱はどれもシャープな直角のコーナーを持ち、各面に、美しい柾目《まさめ》（木材の中心付近を切った時、表面に表れる直線的な木目のこと）のパターンを見せていた。シャープなコーナーを持つピンカドと呼ばれる柱は、カドに面取りをほどこした柱と比較して太く立派に見えるという点も、太く強い柱を好む吉田の目にかなっていた。雑音のない柾目のパターンを有する練り付けの薄板で仕上げられたピンカドの柱が、吉田の美学の基本であった。

角柱《かくばしら》の面取りは、日本建築における最も重要でデリケートな部分であり、大工や建築家のセンスと腕の見せ所であった。面の取り方次第で、柱という線の性質を、いかようにも変化させられたからである。線は日本において、抽象的である以上に具象的だったのである。大きな流れでいえば、森林資源が豊富であった古代には柱が太く、そして面取りも大きかった。森からとれる木材が細くなるにつれて柱は細くなり、同時に面も小さくなって、面のまったくないピンカドに近づくというのが、日本建築の面取りの流れであった。その大きな流れの中で、どの程度の大きさの面をとるかという問いが、大工を悩ませ続けた。面の取り方ひとつで、ゴツくもなれば繊細にもなり、かたくもなれば、やわらかくもなる。大工の美学と技が、面取り次第で露呈されるのである。木造建築の先進国であった中国・韓国では、面取りに対するこのような感性は発達しなかった。

そもそも大陸においても、古代から角柱と丸柱に対するルールは存在した。建物の重要な場であるる中心部に用いられる柱は丸で、重要ではない周縁部に建てられる柱は角というルールである。屋根の軒を支える垂木においてもこのルールは適用され、二重の垂木で庇の長いキャンチレバーを支える「二軒《ふたのき》」の場合は、下側に付く垂木の断面が丸、上側すなわち外側に付く垂木の断面が、四角と決まっていた。

もちろん日本にも、中心のより重要な部分が丸、周縁が角というルールが伝わり、特に古代では多くの建築で守られていた。しかしやがて、この丸・角ルールよりも、面取りへの関心が高まっていく。中国では、丸柱を中心にして木造建築が進化し、韓国では丸・角だけでなく六角形断面、八角形断面の柱や、柱のエンタシスに関心が移っていって、面取りに対するこだわりは生まれなかった。唯一日本で面取りが異様な進化を遂げたのである。

そこには建築全体の構成やシルエットよりも、ひとつの小さな部分を重要視する日本独自の感性が関わっているように僕は感じる。柱というひとつの線が、ひとつの抽象的・幾何学的なドライな線ではなく、無数の意味と感情を伴ったウェットな線として、日本では扱われてきた。

逆に吉田は、面取りよりも柱のテクスチャーを重要視し、柱のそれぞれの面が雑音のない柾目であることにこだわった(図17)。吉田が好んだ柾目は、様々なコントロール不能の雑音を排した、最もシンプルなパターンであったが、柾目のパターンを有する柱を無垢の製材で手に入

図 17　吉田が好んだ，面取りまでが柾目の柱(東山旧岸邸)

れることは極めて難しい。吉田はそれを熟知していて、美しい柾目を手に入れるためなら、練り付けという薄いシート状の木でもかまわないと考えていた。「それは、柾というパターンがほしいんですね。むくであろうとなかろうとかまわない。昔はそういうことを考えなかったと思うんですよ。柾なら柾をパターンとは考えないで、ただ柱と考えている……」(前掲「対談 木のこと 木造建築のこと」)。

ここで告白された吉田の表層主義は正統的モダニズムの原理を微妙に、しかし決定的に逸脱していた。さらに吉田は面取りの意匠を採用する際に、その細い短冊状の面にさえも、細長い、練り付けの柾目シートを貼り付けるのである。無垢の木を使った場合、四つの面が柾目である四方柾目は存在するが、面取りまで柾というのは木材という植物の同心円状の構造からいって、ありえない。

モダニズムは様式主義建築のフェイク性を批判し、オネスティ(正直さ)をひとつの原理とした。モダニズムの建築は純粋であることが同時に正直であるという素朴な直感からスタートする。しかし吉田は柱の表面のパターンの純粋な美しさを優先させて、自然界の基本構造さえも犠牲にした。吉田によって、正直さと純粋さは分離されてしまったのである。

これは、モダニズムの巨匠の一人に数えられるミース・ファン・デル・ローエの建築素材に対する立場とよく似ている。コンクリートを材料としてモダニズムをリードしたもう一人の巨匠ル・コルビュジエが、純粋性とオネスティの両方を最後まで重視したのに対し、石工の息子として生まれたミースは、正直さよりも石がもつ表面のパターンの美しさの方を優先し、セットとしての建築という方向へと傾斜していく。それは、素朴な工業主義が商品として価値をあげるために、正直さを犠牲にしていくプロセスと並行する。

二〇世紀を代表する建築史家のレイナー・バンハム(一九二二—八八)は、ミースによる石の巧みな使用によって、モダニズムはすべての建築様式に必要とされる、空間のグレード感の創出に成功したとしてミースを擁護した。ミースによる「モダニズムのセット化」は、その後ミースの崇拝者であり、アメリカにおける協同者でもあったフィリップ・ジョンソン(一九〇六—二〇〇五)によってさらに進展し、最終的には巨大なセット建築を世界の各都市に出現させた。

そのセット建築の行き着いた果てが、一九八〇年代の金融資本主義と見事に共振したポストモダニズム建築である。その意味において、西欧で、そして石という物質においてミースが果したのと同じ役割を、日本においては吉田五十八が木を用いて担ったことになる。それはすなわち、視覚という騙されやすい感覚と自然とが工業化によって乖離していくドラマそのものでもあった。

西と東の長い確執

一方の村野は柱においても、吉田とは真逆の好みであった。吉田のピンカド好みに対し村野は面取りを好み、また草庵の茶室でしばしば用いられる、柱の角を丸太の形状のままに残した面皮柱《めんかわばしら》も多用した。面取りを施すことで柱は実際よりも細いものに感じられ、また面皮柱にすることで、素朴で自然な風情——すなわち数寄屋的表現——を得ることができたからである。

村野が和風建築の基本を教わったその師、泉岡宗助の教えの中にも、「柱の太さは三寸角、それ以上になると面取りで加減したり、ごひら(長方形)にする」という項がある。実際には、木造の通常のスパン(柱と柱の間隔)を採用した場合、柱を三寸角(九センチ×九センチ)の細さにするのは構造的な難易度が高く、泉岡の指示通り、柱に面取りを行うしか、耐震性と繊細さを両立させることはできない。村野の面皮柱の、半抽象的で、雑音を多く含んだ自然回帰のデザインは、吉田に対する対抗心の象徴であった。

村野は吉田について辛辣な批判を込めながらたびたび論じているが、逆に吉田には村野に対する言及はほとんどなく、眼中にないようにさえ見える。その関係は、吉田という存在の大きさと圧倒的影響力があったからこそ村野が生まれたという、歴史のダイナミズムを証明している。村野という存在自体が、吉田に対する批判であった。

村野は吉田風の和風を批判する時、しばしば東vs.西というレトリックを用いた。大阪の素封家の泉岡から教わったと村野が語る和風の心得自体が、東は成金の田舎者で西は奥ゆかしい都会人であるという悪口を、上品に、関西風に言い換えたものであったし、東は「ペダンティックで形式主義であった」という感想ももらしている(村野藤吾「渡辺事務所における修業時代」、前掲『村野藤吾著作集』)。

この村野の東京批判は、九州に生まれ育ち、大学は東京であったが、一生を通じて関西を中心に活動した彼自身の立ち位置によるところも大きかっただろうが、そのさらに背景にあるのは日本における西と東の長い確執であったことはすでに触れた。

他の文化領域と同様に、建築においてもまた日本はそもそも西高東低の国であり、大陸から伝播した新しい建築技術・建築様式は西から入り、その後にきわめてゆっくりしたスピードで東へも伝わった。その意味で西は中心であり、東は周縁であったが、同時にまた日本自身がアジアの周縁であり東であった。中心と周縁がさまざまにねじれ、入れ替わり、入れ子になるダイナミズムが、この国の建築史を独特の形で進化させたのである。

西の大陸的合理性、東の武士的合理性

たとえば平安時代の京都には寝殿造と呼ばれる貴族のための住居形式があった。その基本は、大陸より伝わった合理的な木造フレームによる開放的な住居形式であったが、寝室部分のみは塗籠《ぬりごめ》と呼ばれる土壁で作られた閉鎖的空間であった。大陸からのシステマティックなフレーム構造が伝播する以前は、その形式が日本という島では一般的であり、大地と一体化した閉鎖的空間は竪穴式住居に由来すると考えられる。大陸では木造による明るいハコが一般的であった時代に、日本では洞窟状の土の隙間で人々は寒さに耐えていた。

その原始的塗籠を内包した寝殿造という入れ子建築のあと、鎌倉時代から室町時代にかけ、新興の武家の住宅として書院造と呼ばれる明るいハコが生まれた。寝殿造の板敷にかわって床には畳が敷き詰められ、そのユニヴァーサルなスペースを襖・障子などの可動のスライディングドアで区切り、当時の大陸にも存在しなかった合理的で近代的な空間が形成されていく。それはある意味で大陸の建築以上に明るくフレキシブルであり、大陸との逆転とも見える。その背後には、西にかわって東(鎌倉)から登場した武士階級の即物的な合理主義があり、武士によ

って現在の和風建築と呼ばれるものの原型が出現するのである。ヨーロッパのモダニズム建築が貴族にかわって台頭した産業ブルジョワジーの合理主義から生まれたように、新階級の合理主義が、モダニズムに通じるユニヴァーサルスペースを作った。武士の合理性が大陸由来の律令制を壊していったように、建築においても、武士は大陸を乗り越える契機を作った。ここでも東と西との抗争、ダイナミズムが新しい日本を形成した。

千利休における西と東

東の武士文化に由来する書院造は、室町時代に京都の貴族文化の影響を受けながら、より豪華で、はなやかなものへと進化していった。そのプロセスに対する一種の批判、アンチテーゼのような形で、数寄屋文化、すなわち、わびさびの美学が生まれた。数寄屋がヒントにしたのが、周縁部に取り残されていた貧しく小さい民家である。

堺の豊かな商人であった千利休が、彼の対極に位置していたともいえる周縁の貧しさを発見し、数寄屋の流れを完成させた。彼のデザインを代表する建築、そして唯一現存するものが、秀吉に命じられてわずか三か月で完成させた二畳の極小の茶室、待庵(一五八二、図18)であった。そこで利休は壁の入隅を柱を見せずに塗りまわし、土の中にスサと呼ばれる枯草をたっぷりと混ぜ込んで貧しい民家へと、原始へと回帰したのである。待庵は塗籠という原始的空間の

図 18　待庵．中央やや左に見えるのが面皮柱．

復活でもあった。

注目すべきは、利休が当時、中国・ヨーロッパとの交易の中心であった堺という日本一の商業都市の人間であり、しかも交易の最先端にいた事実である。まさに彼は西高東低構造の日本の西、その先端に位置しながら、東的なもの、周縁的なるものの極限ともいえる、崩れかけた土壁の貧しい民家をモデルとして草庵を創造した。日本文化の両端をつなぐようにして草庵茶室という形式は生まれた。日本ではこのように、しばしば近代的なるものと周縁に残存していた原始性との接合が、時代を転換してきたのである。

さらにその転換において興味深いのは、イエズス会宣教師という「西欧」が触媒として関わったことである。当時、布教が許されていたイエズス会は、日本文化に様々な転換を引き起こすきっかけを作った。写実性の高い宗教画はイエズス会の布教活動の重要な手段であり、狩野派は彼らから遠近法・陰影法・強い色彩を使用する写実的な方法を習得したといわれる。同様に千利休は、神聖な液体を司祭から受け取るミサにおける聖体拝受の儀式にヒントを得て、「お点前《てまえ》」の形式を生み出し、「小さな秘密の教会」として草庵の極小空間を創造したとする説もある。閉じた日本から日本文化や日本建築が生まれたのではなく、西欧との接触・交換が日本を形づくっていったのである。

利休が創造した草庵茶室が東から汲み上げた最大の仕掛けが、小ささであった。小さな空間に住む人々が主役となる社会が訪れることを千利休は予感していたように僕は感じる。それは近代的な商人としての直感であったかもしれない。その個人のための新しい小さな建築を、それぞれの個人の趣味によって自由に飾り立てることが、これからの経済を廻し、日本という社会を回転させていくことを、時代の先端をいく利休という経済人が予測したともいえる。それは二〇世紀初頭のアメリカが郊外住宅という新しい建築形式と共に発明した、「建築の経済化」というシステムの先駆であった。

「小さな家」を望めば誰でも家を建てることができ、小さな家を自由にモノたちで飾ることができるシステムの発明によって、アメリカは資本主義の覇者となったともいわれる。そのはるか以前に、利休は「小さな家」を発明していた。そして実例のモデルハウス——待庵——を自らデザインし、秀吉をはじめとする時代のリーダーたちに見せた。これが茶室と呼ばれる小さな建築の隠された正体であったように、僕には見える。

そこでは庶民が作る小さな空間が密集するわけであるから、プライヴァシーのために、書院様式の開放性にかわって壁を主役とする閉鎖性が必要とされた。しかしただの小さな閉鎖空間では息が詰まってしまうので、利休は自然を直接感じるための様々な新しい仕掛けを用意した。床の間には生きた植物が飾られたし、中心には竪穴式住居と同じように炉を切り、大地と建築とは再びつながった。土壁の閉鎖性と自然通風とを両立させた下地《したじ》窓《まど》や、現在の環境技術とも通じる、屋根に開けられた空気の自然対流を促す突上窓《つきあげまど》によって、小さな閉鎖空間は、利休というたぐいまれな建築家・エンジニアの手で、見事に自然と接合された。

小さな江戸、大きな明治

江戸時代は武家による支配体制が長期間にわたって持続したが、そこでは支配層が住まう大きな建築(書院)と民衆が暮らす小さな建築とが共存することとなった。世界有数の大都市を可能にしたのは、狭い間口と深い奥行きを持ちながら、密集地においても最低限の人間的環境を確保する、町屋や長屋と呼ばれる小さな建築群であった。そもそも密閉が不可能な木造というスケスケで隙間だらけの建築であったことが、その小さな建築群に息が詰まらない開放感を与え、世界にも例をみない高密度を可能としていた。

一方、農村部の家は土間によって大地とつながり、定期的に里山の草を用いて葺き替えられる茅葺屋根を通じて、里山の自然とつながっていた。葺き替え後の茅は肥料として再利用され、民家という名の小さな建築は自然循環システムの一部として様々な回路で自然とつながっていたのである。

その後、大きな建築を作るための養成機関として設立された東京大学建築学科では、当然のように教育の中心は西欧の様式建築にあった。最も手軽に、象徴的で押し出しのいい「大きな建築」を作るための手段として、西欧式の様式建築が導入された。日本の伝統建築は、「新しい時代が必要とする大きな建築」を作るための道具としては不充分であった。伝統建築の頂部にのる勾配屋根は、日差しや雨から守るためには便利であったが、明治が必要とした新しい象徴性を創造するためには不向きである。

日本の伝統建築の中で、「大きな建築」のデザインに役に立つのは神社仏閣しかないと見られ、「小さな建築」のための道具であった数寄屋建築は「おめかけさんの家」と蔑まれ、日本建築史の研究や教育の対象からはずされていたのである。

そのように「大きな建築」を志向する明治という時代は、モダニズム建築という新しい西からの風によって変化し始める。モダニズム建築とはそもそも「小さな建築」を作るための道具として西欧に登場したものだったからである。それ以前の様式建築はもともと「大きな建築」を作るための道具であった。「大きな建築」をそれにふさわしく立派に見せるために、古代エジプト以来数千年にわたって西欧の中で進化を遂げたのが様式建築であり、西欧では建築とはそもそも「大きな建築」のことだったのである。民衆の家は先祖代々引き継がれたものであって、民衆が建築を建てたりデザインする必要などなかった。極端な言い方をすれば、民衆は建築とは縁がなく、支配階級だけが建築とつながり、「大きな建築」に関心を抱いたのである。

しかし産業革命による中産階級の出現や人口の急増によって、この状況に変化が生じる。支配階級だけが独占していた建築というメディアが徐々に門戸を開き始め、多くの人々のものになっていく。モダニズム建築はまさにこのような新しい社会、経済的な状況が生み出した建築のあり方であった。

建築を新しく手に入れることが可能になった人々は「小さな建築」を作り始める。その「小さな建築」にふさわしいデザインとしてモダニズムは生まれ、急激にパワーアップしていった。その意味で様式建築からモダニズムへという転換は書院造から数寄屋建築へという転換によく似ている。モダニズムとは西欧における数寄屋建築だったのである。

小さな建築としてのモダニズム

そのモダニズムがおそるべきスピードで勢いを得て、従来の様式建築を圧倒したのが、一九三〇年前後であった。それはブームというより革命と呼ぶにふさわしい衝撃的な大転換であった。その革命のリーダーがル・コルビュジエとミース・ファン・デル・ローエという二人の建築家であり、革命を象徴する出来事が、ニューヨーク近代美術館MoMAで開催されたモダン・アーキテクチャー展(図19)であった。建築史に刻印されたこの重要なエキシビションにおいて最も注目されたのは、コルビュジエがデザインしたサヴォア邸(第I章図6)と、ミースがデザインしたバルセロナ・パヴィリオン(第II章図11)であった。二つはともに、これからの民

図19 モダン・アーキテクチャー展，カタログ

衆が「小さな建築」を建てる時の最高のお手本であった。展覧会を訪れた人々は、かわいらしく機能的なこの二つの建築の模型に、心の中で涎《よだれ》をたらしながら見入った。この展覧会はＭｏＭＡの後、全米のデパートへの巡回が検討されるほどのインパクトを消費者に与えた。モダニズム建築とはそもそも「大きな建築」のための道具として生まれたのではなく、「小さな建築」のための道具として生まれ、爆発的な勢いで世界を変えていったことがここからも分かる。

革命は、すぐさま日本を襲った。時代に敏感な若き建築家たちは当然のことながら、革命の動静に、現場から送られてくるすべてのイメージとテキストに目をこらした。そして何人かの鋭い若者は、この革命の本質が「小さな建築」の誕生であり、「大きな建築」から「小さな建築」への大転換であることに気が付いた。そして彼らは直感的に、日本の伝統建築の中に「小さな建築」の知恵とデザインとがひそんでいると知る。ここで取り上げた、西欧と日本とを折衷させようとする戦前の実験的な試みのベースには、このような若者の直感があった。

吉田五十八は最も早く日本の「小さな建築」の可能性に気が付いた。ＭｏＭＡの展覧会のわずか三年後の一九三五年、吉田は先に挙げた「近代数寄屋住宅と明朗性」の一文を著した。気付きは驚くほど早く、実作の実現も異常に早かった。しかしこの吉田による和洋の早急な折衷は、東京という「下品な」視点に基づいた「形式主義的でペダンティックな」折衷と、村野藤吾には見えたのである。明治維新と、その後の東京を中心とする富国強兵政策の成功によって、すでにその時、中心は東にあり、かつて中心であった村野の西は中心からはずれた場所へと落ち始めていた。

そして中心をはずれたからこそ、西は批判性を持ちうると村野はひらめいたのである。戦争中の崩れた土壁を見た体験を語ることで、村野は自らのひらめきの正体を告白した。利休が淀川の河川敷の粗末な小屋を発見したように、村野は崩れた小屋で「弱さ」と出会い、「弱さ」の中に西の新たな可能性を発見し、「弱さ」を武器として東の吉田を批判し追撃した。それは、外遊で西欧の革命を見て一度は失望した村野が、西という場所を手掛かりとして再び民衆を発見し、民衆を味方につけられると確信した瞬間であった。

垂直性への嫌悪

村野は実際に、郊外住宅や公営住宅のような民衆のための建築を設計することはほとんどな

図20　日本生命日比谷ビル（村野藤吾，1963）

かったが、「弱さ」の可能性を徹底的に追究して、その後「大きさ」へと向かってしまったモダニズムの対極をめざした。「革命の建築」をうたいながら西欧的な構築性から脱却できず、素材においてもコルビュジエのコンクリート、ミースの鉄に代表される工業主義的な「硬さ」から抜け出せないモダニズムとは別の途《みち》を、村野は実践する。村野は時代を逆行したのではなく、大きさに向かったモダニズムの先にある、やわらかな未来を追究したのである。

建築がある大きさ、ある高さを持たざるを得なくなった時、最も一般的な方法は、柱という垂直エレメントを用いて全体の大きなヴォリュームを制御するものである。ギリシャのアクロポリスの丘に聳え立つパ

図21　箱根プリンスホテル(村野藤吾，1978)のバルコニー

ルテノン神殿の列柱以来、西欧は垂直という方法で建築形態をまとめあげ、モダニズムもその方法から抜け出そうとはしなかった。いや、結局、抜け出せなかった。吉田五十八もまた、垂直性に抗おうとはしなかった。第四期歌舞伎座も外務省飯倉公館(一九七一)も、吉田は堂々と垂直性に身を任せる。

しかし村野は、高く、大きなヴォリュームに対しても、垂直性を避けようと徹底抗戦するのである。中期の名作である日生劇場が入る日本生命日比谷ビル(一九六三、図20)は、決して小さい建物でも低い建物でもない。しかしその大きなヴォリュームを、大きな柱という解法では解かずに、短くかわいらしい柱の集合体としてデザインした。

図22　岸記念体育館(丹下健三，1940)

素材は石であるが、それぞれの柱には村野が好む面皮柱のような大きな面取りが施されて、細身の京女のようなはんなりとした姿が並ぶ。しかも各階で短い柱の位置がわざわざずらされ、垂直的な形態統合は否定されている。柱に代表されるマッチョで男性的なものは、徹底的に忌避された。

ホテルのような大ヴォリュームを必要とする大型建築においても、箱根プリンスホテルのように、村野はかわいらしい小さなバルコニーの集合体として全体を制御する。新歌舞伎座で唐破風が粒子化されたように、花弁のような粒子状のバルコニーがファサードをふわふわと自由に乱舞するのである。

丹下の垂直性

それは、村野が吉田五十八以上にライヴァル視していた、「東の総大将」ともいえる丹下健三の垂直的表現に対する

図 23　広島平和記念資料館本館と空中回廊でつながる東館（丹下健三，1955）

アンチテーゼでもあった。丹下は、吉田五十八以上に東＝東京＝国家を代表する建築家であった。そして今から振り返れば、昭和という時代は、丹下と村野という対照的な東西の建築家によって代表され象徴される時代であった。

丹下は若き日から、自分こそが国家を代表する建築家だという強い自負と自信をもってデザインを行っていた。丹下がまだ先輩である前川國男の事務所に在籍しながら自身の名前で発表した岸記念体育館（一九四〇、図22）は、二階建ての小規模な木造建築でありながら、その前面に屹立する四本の垂直の柱の強い存在感で異彩を放った。事務所の所長の前川は、違和感を覚えたと語った。前川は権力に対して、ある種の批評性を貫き通した。戦前に行われた東京帝室博物館（現東京国立博物館）本館のコンペ（一九三〇）では、前川はあえてフラットルーフ案を提出して時代を批判し、その精神は

図24　東京都庁(丹下健三，1990)

生涯変わらず、建築界から尊敬を集め続けた。垂直性を駆使し、モダニズムの時代の象徴性を追究したことで、嫉妬と批判の標的とされた丹下とは対照的なスタンスであった。

しかし前川は、一九三〇年という時間に一生とどまり、あぐらをかいてしまったともいえる。モダニズムの中にひそむ隠れた象徴性を批判し続けた村野の作品の方が、はるかに左であり、クリティカルな鋭さを持っているように僕は感じる。

丹下は戦後、丹下研究室を東京大学の中に立ち上げてからも、垂直の柱を最も大事にした。丹下の実質的なデビューとなった、広島の平和記念公園に建つ東館(旧記念館)(一九五五、図23)でも、丹下が師とあおぐコルビュジエのサヴォア邸をベースにしながら、サヴォア邸には存在しなかった強い垂直性が、通し柱によって強引に導入されている。

黒川紀章《くろかわきしょう》(一九三四—二〇〇七)をはじめとする丹下の弟子たちを中心として、一九五九年から活動したメタボリズムの建築群も、基本的にエレベーター、階段などの縦シャフトの強い垂直性をベースにしていた。それは「上を向いて」高度成長の途を走っていた日本の上昇・拡大志向を、見事なほどに体現していた。そして丹下自身は、その人生の最終章を東京都庁(一九九〇、図24)の二本の垂直な塔で飾るのである。

老馬にまたがるドン・キホーテ

その「上を向いて」歩いた日本の中で、村野の垂直性批判、構築性批判は仲間のいない孤独な闘いであった。村野の批判性は、単に吉田や丹下や東京だけに向けられていたわけではない。大きいものを作るために進化してきた建築の歴史そのものが村野の敵であった。象徴・形式といった様々な道具を使いながら作られ続けてきた「大きな建築」のすべてが、村野の敵であった。吉田も丹下も、その「大きな建築」の全体の前ではかすんでしまうほどであった。関西の痩せた小さな老人は、老馬にまたがったドン・キホーテのごとく、たった一人で「大きな建築」との闘いに挑んだのである。

その闘いで最も見るべきものは、彼が「小さな建築」に逃げ込もうとしなかったことである。「小さな建築」という領域に逃げ込むことで「大きな建築」と闘うそぶりを見せることは、ある意味でたやすい。日本の建築家たちによる一九七〇年代からの小住宅ブームは、そのような試みの典型であった。それらは充分にヒューマンで充分に美しかったが、「大きな建築」へと一方的に加速していく世の中にあって一種の清涼剤であり、一種の隠れ蓑でしかなかった。

しかし、村野は大きいヴォリュームの建築に「小さな建築」のヒューマニティを取り戻そうと格闘した。実物をもって、それが可能であるとこのドン・キホーテは証明したのである。

一部の北欧の建築家たち――たとえばアルヴァ・アアルト(一八九八―一九七六)やアルネ・ヤコブセン(一九〇二―七一)――は、村野と同じ目標を持っていたようにも見える。北欧は、村野が若き旅の中で最もシンパシーを感じた場所であった。しかしアアルトにしてもヤコブセンにしても、その「小さな建築」への志向性は、大きな建築自体においては実を結ぶことはなく、大きな建築の中にひっそりと置かれたかわいらしい家具や小物――たとえばヤコブセンのSASロイヤルホテル(一九六〇)の手が込んだ家具群――の中だけで実を結んだように感じられる。アアルトもヤコブセンも、結局のところ、「大きな建築」は苦手であり、彼らの場所ではなかった。

ラボとしての数寄屋

ではなぜ、世界においてほぼ村野だけが、大きくて、しかも小さな建築を作れたのだろうか。

村野が数寄屋建築という実験室を持っていたからだと僕は考える。村野は数寄屋建築という

「小さな建築」を実験の場として利用し続けた。彼が自ら和風建築の専門家ではなく、和風建築は余技のようなものだと告白したのは、それが実験室であったことをほのめかした発言と読める。吉田五十八にとって数寄屋とは本業であり仕事であったが、村野にとって数寄屋とは実験室でありテロリストのラボのようなものであった。

そしてラボであったがゆえに、村野の数寄屋に入ると僕らは緊張がとけ、驚き、楽しくうきうきし、知的な想像がぐるぐると回転し始めるのである。たとえば千代田生命本社ビル（一九六六）の茶室（図25）に招かれた時の感動は忘れられない。天井と障子に用いられたあみだくじのようなユニークなパターンのスクリーン（図26）は楽しく自由だった。金属板の凸と凹の部材を組み合わせて雨を防ぐ、ペラペラの軒先も圧倒的であった。待庵の薄さをはるかに凌駕していた。村野が永遠に若く挑戦的であることを知った。

その村野の数寄屋に対する態度の基本にあるのは、すでに見た「民衆のための建築を作る」という人生を貫く哲学である。数寄屋とは基本的に茶道のための空間であり、日本において、茶道がしばしば限られた人々のための、しきたりに縛られた閉鎖的な芸事になっていることを村野は警戒していた。茶道こそが村野の一番嫌った「形式主義とペダンティズム」となっていたのである。閉じて息の詰まる日本の茶室を、自由で知的な実験室として開放しようというのが村野の挑戦だった。吉田は、毎朝母と妻とが選んでくれた、文句のつけようがない、品のい

図 25　千代田生命本社ビル．茶庭と茶室

図 26　千代田生命本社ビル．池に面した
モダンな障子(現しじゅうからの間)

い和服を身に着けたが、村野は地味でくすんだ背広を好み、現場では工事関係者と同じような作業着を着て膝をつきあわせて職人と打ち合わせた。

この村野流のアプローチの中に、日本建築をもう一度、世界と、社会とつなぎ直すための大きな可能性があると僕は感じる。かつて二〇世紀のはじめに、ライトは日本建築と世界とをつないでみせた。日本建築の持つ開放性と自由が、これからの時代の主役となる「小さな建築」の大きな武器であることをライトは発見した。その発見はモダニズム建築を担った若きコルビュジエやミースに大きな影響を与え、日本建築は、時代を転換するひとつのヒンジの役割を果たした。

ライトは「大きな建築」を作ることには興味がなかった。超高層は非人間的であり、人間にはふさわしくない建物であると、一刀両断に否定し罵倒した。彼は水平的な建築を生涯作り続けたが、時代の要請を受けて避けようもなく大きくなっていく建築をどのようにヒューマンなものにするかは、関心の外にあった。

再び世界は、日本の伝統に何かを期待しているように僕は感じる。二〇世紀初頭、日本の知恵は、小さいながらも快適な「小さな建築」を作って、民衆に大量の家を提供するために用いられた。しかし二一世紀、すべてが大きくなりすぎて、すでに何も建てる場所がなくなった世界にわれわれは生活している。大きくなりすぎた建築を、大きくなりすぎた都市を、少しでも居心地のよいヒューマンなものへとだましだまし転回させていくために日本の知恵を使うことはできないだろうか。

中間粒子とオマケの可能性

ひとつのヒントとなるのが、大きなものと小さなものをつなぐ中間的な装置だと僕は考えている。先述したように北欧の建築家は「大きな建築」に対抗しようとしたが、結局、家具やプロダクトデザインなどの小さなものに頼るしかなかった。一方村野は、小さくも大きくもない中間的なスケールのものを駆使した。和室を構成する襖や障子、畳などは、そのような中間粒子の代表であるが、村野はファサードにつける庇(たとえば唐破風)やバルコニーをも中間粒子として自由に駆使し、大きいものと小さいものをつないだ。

日本建築を構成するエレメントのほとんどは、その中間性・両面性を持っている。それゆえにこれらの中間粒子は、変化し続ける人間という要素と、環境という、同じくらい変化し運動し続ける要素との間にあって、それらを巧みにつないできた。日本建築の本質は中間性であり、両面性である。

村野は数寄屋というラボを手に入れることによって、これらの中間粒子の大きな可能性に気付き、実験を繰り返した。様々な建築エレメントを中間粒子として再定義し、そのアプリケーションの実験を行い、建築とプロダクトの中間スケールを持つ、軽やかな中間粒子によって、古臭い形式性や象徴性から建築を解放していった。

中間粒子とは、増改築を容易にする目的のために、日本建築が生み出し、洗練させた手法だった。建築全体が中間粒子の集合体へ近づいていけば、その着脱と移動で建築はいかようにも変化しうる。日本建築の歴史において特筆すべきは、主屋《おもや》という本体構造の外部に張り出して作られた下屋《げや》と呼ばれる付属部分が主屋と同様の重要性を持っていたことである。下屋は本来は増築で作られたオマケの空間であるが、このオマケが日本建築の空間を豊かにしていった。中国でも朝鮮半島でも下屋の手法を見つけることはできない。縁側もオマケだったし、すべての中間粒子が着脱可能なオマケだったと言ってもいい。日本建築とはオマケが集まってできたオマケの建築だったのである。オマケの手法は日本で独自の進化をとげ、日本建築を豊かでフレキシブルなものにしてきた。

柱のような、建築全体を支える主要部材さえ、日本人は中間粒子とすることに成功した。天井と屋根との間を和小屋と呼ばれるリジッドな構造体で埋めてしまうことによって、天井の下に位置する柱はいかようにも移動することができるという、世界に例のないフレキシブルな構造システムを日本人は発明した。柱は移動できないというのが世界の建築の不変の大原則である。しかし日本人は増改築において、当たり前のように、柱を動かしてしまう。木造建築の技術は大陸から伝わったが、この移動する柱は中国にも朝鮮半島にも存在しない。室町時代に完成したといわれるこの和小屋システムによって、日本人は柱さえも中間粒子として再定義したのである。

中間粒子による増改築

村野は中間粒子を道具箱の中にたずさえていたので、「増改築の達人」と呼ばれた。日本橋髙島屋の増改築において、村野はガラスブロックという中間粒子を駆使した(図27)。通常の建築家ならば、髙島屋の旧館のような様式建築に、ガラスのカーテンウォールを対比させることでカーテンウォールの近代性を引き立てるような演出をする。しかし村野はここでガラスブロックという半透明な中間粒子を発見した。ガラス製の障子のような中間粒子を用いて、石の本館自体をやわらかく感じさせたのである。そのガラス製の障子は日本橋の街の中に見事に融け込み、日本橋の裏通りは、この障子によって生気をとり戻した。壁でもなくガラスでもない障子という中間粒子が日本建築の中で果たしてきた役割を村野は熟知し、それを都市という大きな場所に展開した。

迎賓館の昭和の大改修(一九六八—七四)も、村野がいかに増改築の達人であったかを示す作品である。インテリアにおいては、白でもベージュでもない中間的な白色塗装によってすべてがやわらかく融け合っている。しかし僕が最も注目するのは、入り口廻りの柵と小さな守衛所である。

村野はまず黒色に塗られていたスチール製の柵を白く塗り直したのである。バッキンガム宮殿をはじめとして、ヨーロッパではこの種の柵は、ほとんど黒に塗られている。その背後に控える宮殿という大きな建築をよりひきたてるため、より大きく見せるために柵は黒いのである。ところが村野はその通例を打ち破って、白に塗った。高島屋で透明なガラスカーテンウォールを嫌って乳白色のガラスブロックを用いたように、鉄製の柵は白く

図 27　増改築された日本橋髙島屋

図28　迎賓館，小さな守衛所

塗られたことによって軽やかな存在感を持つ中間粒子へと変身した。

入口の両脇に新しく建てられた丸い屋根の載った守衛所(図28)も、中間粒子と呼ぶにふさわしいヒューマンなかわいらしさを湛えている。もしこの守衛所を、片山東熊《かたやまとうくま》(一八五四—一九一七)設計の迎賓館本体のバロック様式に揃えてデザインしたならば、ヒューマンで軽やかな粒子感が達成されることはなかっただろう。村野は様式建築のルールを破ってまで、粒子の軽やかさにこだわり、白い柵とかわいらしいおもちゃのようなパヴィリオンによって、過去の重苦しい建築でしかなかった迎賓館を、東京という現代の都市にスムーズに接続した。

そして村野は木造の自宅においても増改築を繰り返した。鴨居《かもい》や長押《なげし》のような木の部材の位置を高すぎる／低すぎると悩みながら何回も付け替えた。おもしろいことに、村野はその修正によって生じた切り欠きの跡や部材の色違いを消そうとせず、堂々と放置した。中間粒子たちが様々に移動し変化する様子を彼は楽しんでいたように見える。その自由な移動、変化の中に日本建築の本質があり、その流動性こそが、日本建築の空間に軽さと楽しさを与えていると、村野は見抜いていたのである。

この村野の増改築に対するスタンスもまた、ヨーロッパ流の建築保存の考え方、時間に対する姿勢とは対極的である。西欧において、建築とは象徴的でなければならないと同時に、永劫の存在でなければならなかった。モニュメントという単語はその両方を指していた。しかし村野はマッチョな象徴性を嫌っただけでなく、永劫性に対して違和感を抱いていた。永劫のものなど、この世の中には存在しないというのが、村野の時間に対する哲学なのである。だから村野はあれほどのエネルギーをもって増改築に取り組み、リノヴェーションの傑作を世の中に残すことができた。村野は建築の保存という点においても、西欧的な時間概念に対する辛辣な批判者として再発見されるべき存在である。西欧建築の本質に対する村野以上の厳しい批判者を、いまだに僕は見つけ出すことができない。

レーモンドと日本

ここで再び時代を戦前へと引き戻し、もうひとりの重要な折衷主義者、アントニン・レーモンド(一八八八―一九七六、図29)の果たした役割について考えたい。先述した四人――藤井、堀口、吉田、村野はすべて日本で生まれた日本人であった。しかしレーモンドは「外国人」であった。チェコで生まれて、一九一〇年にアメリカに渡り、一六年からフランク・ロイド・ライトの事務所で働いた。一九年、東京の旧帝国ホテルの設計を委嘱されたライトの助手として来日、二〇年に独立してレーモンド事務所を開設した。一九三七年、国際情勢の緊迫によって日本を離れるが、一九四七年に再び日本に戻り、七三年に引退するまでレーモンド事務所を主宰した。戦前戦後を通じて日本に約四〇〇もの作品を残した。

図29　レーモンド

先述した四人の建築家は、日本とモダニズムの間にどう橋を架けるかに挑戦した。自分の生まれた日本という場所と二〇世紀初頭の世界を席捲したモダニズム建築とをつなぐ途を、人生を懸けて追究したのである。その挑戦の結果として新しい日本建築が残された。日本の文化が国際化の大きな波の中で失われるかもしれないという危機感が、彼らに新しい日本建築を作らせた。

ではなぜ、レーモンドは生まれた国ではない日本を選び、新しい日本建築を生み出したのだろうか。妻のノエミもまた日本人ではなかった。もちろん師であったライトの存在は大きかっただろう。レーモンドはプラハ大学在学中に、ミースをはじめとするモダニズムのリーダーたちに大きな影響を与えたライトの作品集に刺激を受け、アメリカに渡ってライトの門を叩いた。後に帝国ホテルプロジェクトの担当者として東京に滞在し、完成前の一九二〇年にライトから独立し、その後、戦争に中断はされたものの、五〇年以上日本と関わり続けた。

彼を日本にとどまらせ、彼を日本につなぎとめたのは、一言でいえばバウハウスに対する敵《てき》愾心《がいしん》、バウハウス的なるもの、ドイツ的なるものに対する敵意であったと、僕は感じる。そして戦後のアメリカはバウハウスすなわちドイツ的なるものと深くつながっていた。レーモンドはバウハウス的なアメリカを拒否し、とどまって、日本建築にあらたなページを加えた。

レーモンドのバウハウス批判

モダニズム建築と一口にいわれるが、そこにはコルビュジエによってリードされたフランス的なものと、ドイツに設立された新しいデザイン学校であるバウハウスがリードしたドイツ的なものが併存した。しかし因習にとらわれた様式建築を、機能的で経済的な「正義のモダニズム建築」が駆逐するという、一種の正統史観(ホイッグ史観)の熱狂に支配された二〇世紀前半のアメリカでは、フランス流、ドイツ流といった微妙なニュアンスを掘り起こそうとは誰も考えなかった。正義の戦いの最中に小異は忘却されていく。

しかしその革命の熱狂の真っ最中に、レーモンドは正義の大嵐の中心地であるニューヨーク近代美術館（ＭｏＭＡ）で堂々とバウハウス批判のレクチャーをやってのける。ＭｏＭＡは、モダニズム建築のアメリカへの輸入において中心的役割を果たした。それは文化施設であると同時に、経済においても政治においてもアメリカの中心にあって、国の、そして世界の方向性を決定する重要な機関であった。ヨーロッパの美術館とはまったく異なる大きな国家的使命を帯びていた。

一九二九年に設立されたＭｏＭＡは、三二年のモダン・アーキテクチャー展でまず全米にモダニズム建築の大ブームを起こした。続いて三八年のバウハウス展で、ＭｏＭＡはこのブームをさらに確実なものとし、社会的な大きなうねりを引き起こした。バウハウスは一九一九年、ワイマール共和国の下で設立されたが、三三年にはその年に政権をとったナチスによって閉鎖される。当時校長であったミース・ファン・デル・ローエはアメリカに逃れ、彼がアメリカにもたらしたガラス張りの建築は二〇世紀アメリカ建築の制服となって、さらには二〇世紀の世界中の都市建築のスタンダードとなっていく。そのプロセスにおいて、ミースのアメリカでの「案内人」として重要な役割を果たした建築家フィリップ・ジョンソンその人が、当時のＭｏＭＡのキュレーターであり、バウハウス展の仕掛け人だった。ジョンソンにとっては、友人であり、自分が支援するミースが体現するバウハウス的なものこそがモダニズム建築の中心であることを世界にプロモートする必要があった。そのためのバウハウス展だった。

展覧会のイヴェントとしてレクチャーシリーズが企画され、戦時でアメリカに帰国していたレーモンドに声がかかった。通常ならばバウハウスを持ち上げるためのレクチャーとなるであろう。しかしレーモンドはここで徹底的にバウハウス批判を行った。バウハウスの建築がいかに非人間的であり、三〇年前にライトが提案したオフィスビルのレヴェルをまったく超えていないかを断罪した。空気を読まない、場違いのレクチャーは人々を驚かせた。

この批判の背後には、チェコのボヘミアの田舎に生まれ自然の中に育ったレーモンドの、工業的で冷たく硬いバウハウス的なものに対する反感があったことは間違いない。そして同時に、ユダヤ人であるというレーモンドの出自も深く関わっているだろう。すでにドイツのユダヤ人差別・虐待は始まっていた。彼の親族の多くが殺された。その個人的な事情が、ドイツに対する激しい敵意につながったのだろう。彼が日本から一時帰国したアメリカ滞在中に、日本の都市を効率的に破壊するアメリカ空軍の実験で中心的な役割を担った。その一見不可解な日本への裏切りともいえる行動も、当時ナチスの同盟国であった日本人に対する、ユダヤ人としての敵意の結果としてしか理解できない。

そのバウハウス的なもの、ドイツ的なものに対抗するために、彼はバウハウスのボスであったミースをもてはやすアメリカから日本に戻り、日本にとどまった。日本という場所、日本という「武器」を選んだのである。戦前の日本に滞在する中で、彼は日本にそれだけの可能性があることを発見した。その感触をつかんだからこそ、帝国ホテル竣工の三年前という微妙な時機に、ライトの事務所を辞して自らの事務所を東京に設立したとも考えられる。自然の大切さを大声で語り続けるライトよりも、もっとヒューマンで、もっとさりげなく自然なものが、日本という場所にあると彼は気付いたに違いない。

製材の木造と丸太の木造

バウハウス展以降、アメリカはさらにレーモンドの望まない方向へと傾斜していった。ドイツ人のミースは「神」として君臨し、同じくバウハウスで中心的な役割をはたしていたヴァルター・グロピウスはハーヴァード大学の建築学部長として、長くアメリカ建築界の中心的ポジションにあった。ガラス張りのタワーは増殖を続け、アメリカだけでなく、世界中がガラス張りのタワーで埋め尽くされていった。アメリカにはレーモンドの帰る場所はなかった。だから彼は、日本で、日本を掘り下げていくことに賭けた。その結果、彼は多くのものを得た。そして同時に、日本もまた多くのものを得たのである。

レーモンドから日本が得たものの中に二つの宝があった。ひとつは丸太である。日本の建築の中に丸太がなかったわけではない。簡単に整理すれば、日本の木造建築には、ノコギリで木をひいた製材の木造と、自然の姿の木をそのまま用いる丸太の木造という二系統の木造があった。丸太を地面の上に斜めにたてかけ上端部をつなぎ、その上に草の屋根を葺くという縄文時代の竪穴式住居は丸太の木造の原型であった。丸太の木造は大地とつながり、一本の丸太自身が樹木そのものとして森の記憶とつながっていた。

そこに大陸から製材された木造、すなわち金属を使って丸太から自然の姿を奪い取る文化が入ってくる。製材の木造は西から日本に入り、先端技術と権力を象徴した。伊勢神宮はその意味で製材の木造、すなわち権力の木造、大陸の木造のきわめて洗練された形態を示している。

しかし、丸太の木造が消え去ることはなかった。民衆は丸太を使い続け、民家は丸太で作られ続けたのである。その丸太に最初に関心を持った近代人は千利休であった。海外との交易をリードする商人でもあった彼は、民衆を主役とする新しい時代が始まることを予感し、その民衆のための「小さな家」に、書院造の製材主義を批判するようにして丸太を導入した。利休のデザインを発展させた数寄屋造では、丸太の丸みを残しながら一部だけ製材を施した面皮柱が多用され、また磨き丸太や絞り丸太などの床柱や、丸太が土壁の中に消えていく楊枝柱《ようじばしら》(図30)と呼ばれる表現も好まれた。数寄屋造は、丸太と近代の接続であった。

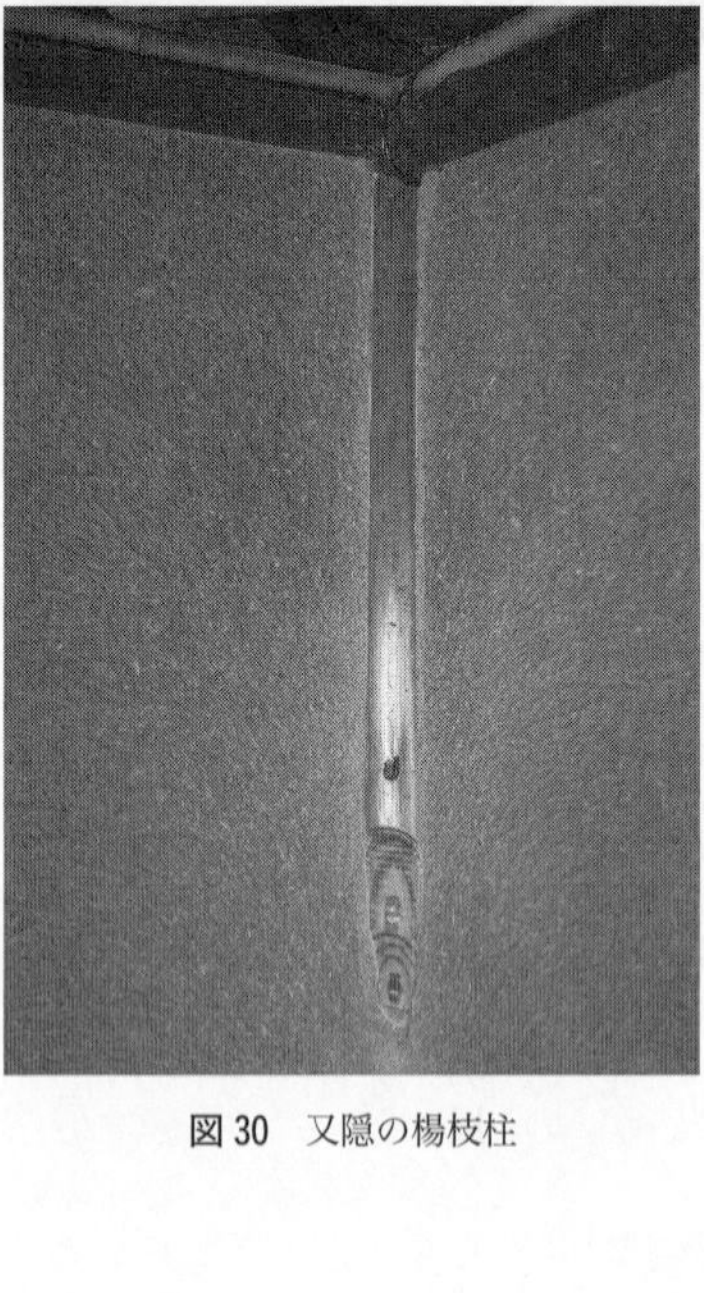

図 30　又隠の楊枝柱

民藝運動とペリアン

もちろん、民家の丸太も消えることはなかった。そこに再び光を当てたのは、大正時代に始まる民藝である。明治の権力は、大陸にかわる新たな西、すなわち西欧から新たな製材文化ともいえる近代的建築技術を取り入れて、その権力を飾り立てようと試みた。硬く平滑な表面を持つ石や煉瓦が権力の建築の表面を覆い、都市の中心部は新たな「製材」で覆われた。木はそもそもやわらかすぎ、自然に近すぎる存在として権力から排除され、都市の中心部から徐々に消えていった。この「新製材化」ともいえる明治の流れに対して異を唱えたのが民藝運動であったともいえる。彼らは囲炉裏《いろり》の煤《すす》でいぶされた民家の、屋根裏の真っ黒な丸太に注目した。民藝の美学の中心には黒い丸太があった。

しかし民藝運動は、日本の建築文化とはほとんど接点を持つことがなかった。民藝が建築デザインの流れに影響を与えることはなかったし、民藝が発見した黒い丸太が建築の世界の中で注目されることもなかった。それは、民藝は民家には注目したけれども民衆には目を向けなかったからだと僕は感じる。民藝は、当時の権力に批判的な文化的エリートたちの趣味の世界での出来事にとどまった。趣味の世界にとどまるものは、趣味を深め掘り下げていくだけで外側の世界とはつながらない。建築とも経済とも社会とも、民藝は接点を持たなかった。

民藝のリーダーたちは、バーナード・リーチ(一八八七―一九七九)のような西の権威にまたしても依存し、民衆の最も重要な構成要素であるべき女性に対してほとんど無関心であった。器は美という基準のみで審査され高い値段で取引されたが、その器という道具が、もっぱら女性たちによって担われていた家事の主役であるという視点は皆無であった。民家の黒い丸太は賛美しても、その民家が女性の過酷な労働を象徴する暗い場所であることは彼らの関心の外にあった。民藝は徹底して男たちの文化運動であり、主要メンバーの中にも女性たちの姿はなかった。

民藝の歴史に唯一登場する女性は、シャルロット・ペリアン(一九〇三—九九、図31)というフランスのデザイナーであった。ペリアンはレーモンドと同様に、日本建築に大きな影響を与えた「外国人」であった。レーモンドが日本という触媒を利用してモダニズムを批判したように、ペリアンもまた、一九四〇年という極めて不安定な時期に日本を訪れ、日本を触媒として様々にモダニズムを批判し、また民藝の人々とも交流してその男性中心的な美学を辛辣に批判した。彼女は日本を訪れる前に、コルビュジエの下で働き、人間の身体に最も近いプロダクトデザインというフィールドを通じて、コルビュジエに潜む男性中心主義を批判し、その衝突と葛藤の中から歴史に残るやわらかで美しくしなやかな家具たちをデザインした。その同じ批判精神が、戦前のわずか二年間の日本滞在中に彼女を民藝へと接近させ、同時に男性中心的であった民藝を変質させたように僕は感じる。彼女が一九四一年に高島屋で企画した「ペリアン女史

左：図 31　ペリアン
右：図 32 「ペリアン女史 日本創作品展覧会 2601 年住宅内部装備への一示唆 選擇 傳統 創造」展東京会場

日本創作品展覧会 二六〇一年住宅内部装備への一示唆 選擇 傳統 創造」(図32)は、民藝の重く暗い男性中心主義から訣別した新しいクラフトマンシップを示し、その方向性は民藝の中心人物であった柳宗悦の息子の柳宗理《やなぎそうり》(一九一五—二〇一一)による、新しく明るい日本デザインを生むきっかけとなった。ペリアンという触媒が存在しなければ、日本の戦後のプロダクトデザインの輝かしい達成は生まれなかったであろう。外国人であり、女性であるという二重の外部性は、日本のデザインの歴史の中で重要な触媒として機能した。外部によって、日本は更新し続けていくことができたのである。

チェコの民家と足場の丸太

同じようにしてレーモンドは数寄屋の丸太、民藝の丸太を、明るく民衆的な存在へと変身させた。生まれ育ったボヘミア地方での木造の民家体験がなければ、レーモンドは日本の民家も丸太も発見することはなかっただろう。彼は日本の民家をとてもなつかしいものと感じた。そのなつかしさが、民家と丸太を封建的で男性中心的な日本から解き放った。人間という、森から出てきた弱い生き物のかけがえのない巣として、レーモンドは民家を再発見する。

その森の民の巣の象徴は丸太である。細い枝の上をつたい歩きしながら、ホモ・サピエンスは森の中で暮らしていた。そのなつかしい記憶が丸太という建築材料を通じてよみがえるということに、レーモンドは気が付いた。

だからレーモンドは、決して丸太を高級で希少な材料として扱わなかった。数寄屋の中で、丸太は銘木と呼ばれる高級品として取り扱われ、利休後の数寄屋はその閉じた高級化の途をひたすらかけあがった。民藝の人々が評価した曲がりくねった芸術的なカーブを持つ丸太も、森の小枝とは正反対の趣味的で気味の悪いものだった。

レーモンドはまったく逆のスタンスで丸太に接した。彼にとっての丸太は製材されていない最も安価で、どこでも一番簡単に手に入る材料であった。彼がはじめて自邸(一九五一、図33)で、足場の丸太を使った時のエピソードは、丸太との関係、民家との関係、モダニズム建築との関係の本質を示していて、美しく感動的である。

レーモンドにはお金がなかった。徹底したローコストで自邸を建てるために彼が選んだのは、

図33　レーモンド自邸(1951)

工事現場の足場に使われていた丸太であった。それは最も安価で、最も素朴な材料であった。その丸太を組み合わせながら、彼は小さくて繊細な自邸を完成させた。彼は現代の民家を建て、民家を再び日本に取り戻したのである。それは同時に、ホモ・サピエンスが、その本来の巣をやっと取り戻した貴重な瞬間であったと僕には感じられる。

これはコルビュジエにもミースにも、そしてどのモダニズム建築家にもできなかった仕事であった。彼らも現代の民家をめざし、権力のための「大きな」様式建築にかわる、民衆のための「小さな建築」をめざしていた。しかし、そのために用意した材料はコンクリートと鉄であった。世界中どこでも手に入れることのできる工業製品こそが民家の素材にふさわしいと彼らは考えた。その工業製品で作られた民家には、人間の巣が本来備えているべきやさしさ・暖かさ・やわらかさが欠如していた。コルビュジエが六十代になって、南仏の海岸沿いに八畳程度の大きさしかない小さな丸太の小屋――キャバノンと呼んだ――を建て、そこで人生の最終章を過ごしたことはきわめて象徴的である。彼もまた人生の最後には、木でできた小屋に近づいたのである。

しかしそのキャバノンは、丸太で覆われてはいるが内装はベニアの板であり、丸太の自由は感じられない。レーモンドの丸太は小枝のように分岐し交錯し空中を舞っていて、もっと直接的に森と、自然とつながっている。レーモンドは日本という場所の助けを借りることで丸太を発見し、モダニズムの建築家も日本人も見つけることのできなかった、本物の民衆の家を発見したのである。

レーモンドの丸太に最も影響を受けたのは丹下健三であったように僕は感じる。レーモンドは梁や柱を二本の丸太で挟むというヨーロッパの民家の表現を日本に持ち込んだ。この表現は日本の木造には存在しない(図34)。中国、朝鮮半島から日本へと伝わった東アジアの木造の基本は、挟まずに、材の上に材を載せ重ねる方法であった。材の加工に手間をかけて、屋根の荷重を柱に伝え、大きくて華麗なキャンチレバーを実現してきた(図35)。東アジアの木造は権力に近い建物で発達したので、高度な技術を発展させた。一方ヨーロッパの木造は、権力とは遠い民家という場所で発達してきたので、丸太で挟むような素朴な技法にとどまった。レーモンドはその民衆的技法を日本に持ち込み、丹下の北方的性向がその部分に反応したのである。丹下の香川県庁舎(一九五八)の挟み込む梁(図36)はヨーロッパの民家由来なのである。

図 34 レーモンド自邸内部．二本の丸太で挟み込む様子がわかる．

図35　枓栱(浄土寺浄土堂)

図36　香川県庁舎(部分)(丹下健三，1958)

レーモンドの斜め

レーモンドが日本にもたらしたもうひとつの宝物は、斜めのデザインである。軽井沢の夏の家(一九三三、図37)の盗作問題はレーモンドの人生における最も重要なエピソードであった。雑誌で発表されたそのデザインを見て、コルビュジエは自らがアルゼンチンに計画していたエラズリス邸に酷似しているとレーモンドに抗議した(一九三〇、図38)。バタフライルーフと呼ばれる斜めの屋根は確かに似ていた。内部空間の主役である斜めのスロープもよく似ている。斜めこそが二つの住宅を結びつける基本的ヴォキャブラリーであり、レーモンドがエラズリス邸からヒントを得たことは間違いない。

図 37　軽井沢の夏の家(レーモンド，1933)

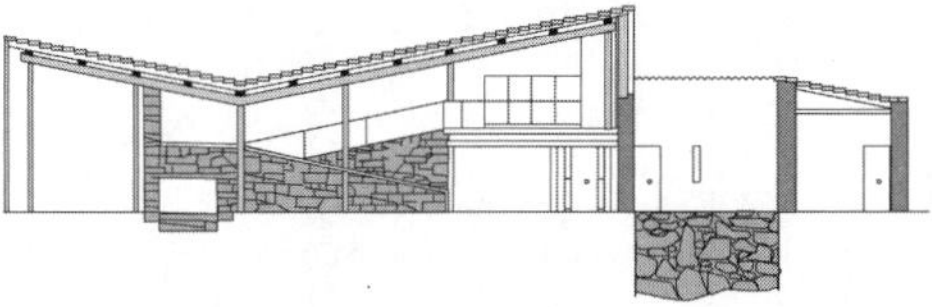

図 38　エラズリス邸案(コルビュジエ，1930)

その後の二人の建築家の軌跡を辿ると、斜めのデザインにこだわり続け、それを生涯にわたって追究したのはコルビュジエではなくレーモンドであった。

コルビュジエは確かに斜めのデザインの可能性に最も早く気づいた建築家ではあった。モダニズム建築は合理性と機能性を求めて水平の床と垂直な柱との組み合わせを重要視したが、その水平と垂直とが織りなすデカルト的な近代空間の中に、コルビュジエはしばしば斜めの要素を持ち込んだ。斜めを持ち込むことによって、合理的なカルテジアン(デカルト的)空間が、人間という生物が生きるための巣へと転換されうることをコルビュジエは知っていた。サヴォア邸、ラ・ロッシュ・ジャンヌレ邸(一九二五)、ラ・トゥーレットの修道院(一九五九)の斜めのスロープは、コルビュジエの建築に生気を与えていた。

しかし、コルビュジエが斜めのデザインを建築の外観に用いることは稀であった。斜めの屋根を否定して、世界をフラットルーフで覆いつくすことを目標としたモダニズムの建築家にとって、斜めの屋根は自分のアイデンティティを壊しかねないデリケートな禁忌だった。一方レーモンドは平然と堂々とその禁忌を多用する。軽井沢の夏の家の屋根はエラズリス邸以上に斜めであり、より自由である。その自由な斜めによって大地と空とがつながれている。ある意味で、モダニズムという革命の時代に、レーモンドほど腰がすわり腹をくくった自由な建築家はいなかった。レーモンドに比べれば、フラットルーフにこだわり続けたコルビュジエたちは小心で保守的と見える。

レーモンドの故郷チェコで、二〇世紀初頭に登場したキュビズム建築も、レーモンドの斜めをプッシュしたかもしれない。チェコ・キュビズムはキューブといいながら、異様なほどに多くの斜めの線が主張する建築であった。チェコの民家にのる斜めの屋根と、工業化によってもたらされた合理的なカルテジアン・グリッドを、チェコの建築家たちは強引に接合した。結果

図39　なだ万本店，山茶花荘(村野藤吾，1974)

としてキュビズムという以上にダイアゴナリズム(斜線主義)であった。その斜めの建築が、レーモンドに勇気を与え、高崎の音楽堂(一九六一)のように、自由な斜めの傑作を生み出したのである。

チェコの民家が斜めによって支配されていたように、勾配屋根で雨から守られていた日本の建築もまた、ある意味で斜めの建築であった。しかし、近代の日本建築の原型を作った吉田、村野など先述の建築家たちは、斜めのデザインにはきわめて慎重であった。屋根自体に勾配はついていたが、勾配の自然な産物であるはずの斜めの線の表現は巧妙に建築表現から排除された。モダニズムによる斜めの禁忌は、コルビュジエを縛りつけたように、日本の和風建築をも縛りつけていたのである。

吉田や村野の和風建築でも屋根の軒先はしばしば水平であり、勾配屋根であるにもかかわらず、屋根は水平線の集合体として処理されていた(図39)。

その禁忌を、レーモンドという「外国人」が平然と犯したのである。軽井沢の別荘のバタフライルーフ、聖ポール教会(一九三五)の斜めの線を基調とするファサードは、「外国人」の自由の産物であった。そのようにしてレーモンドは斜めを日本にもたらし、日本建築はモダニズム禁忌以前に持っていたような斜めの自由を、再び獲得したのである。

ピロティから孔へ

僕自身もまたレーモンドの斜めから多くを教わった。高崎で建設会社を営む井上房一郎は、戦後のレーモンドを支えた重要なパトロンであった。戦前の井上はブルーノ・タウトを支援し、戦後はレーモンドを支え、斜めが美しい高崎の音楽堂も井上のサポートでできあがった。僕が父から譲り受けたタウトの木箱も、井上がタウトに作らせたものであった。井上は笄町《こうがいちょう》にあったレーモンドの木造の自邸を気に入って、それを高崎の彼の地所に、レーモンドの許可を得て複製した。九十歳を超えていた井上からその家に招かれた日を僕は忘れることはできない。

木造の家の真ん中に孔が穿《うが》たれ、その孔で家は二つにわかれていた(図40)。孔の中で井上はタウトとレーモンドに関する様々な思い出を語ってくれた。孔の向こう側には緑が広がり、そ

図40　井上房一郎邸の孔

の平屋の真ん中を穿つ孔を介して、家と自然とがつながっていた。孔の上には半透明なプラスチックの板で葺かれた斜めの屋根が架けられ、光を通す屋根を介して孔は空という自然ともつながっていた。その空間は、日本建築には存在しない種類の空間であった。

その孔は、西欧と日本との様々な建築的遺産が合体してできあがった、新しい空間であった。まずそこには、西欧がエジプト、古代ギリシャ以来磨きあげていた軸線が空間を貫いている。軸の指し示すものと主体とがつながることで、主体は世界と接続される。丹下が最も大事にした軸線が孔を作り、孔が僕と庭とをつないでいた。

しかもそこは心地よい外部空間であった。モダニズム建築が発明した、ピロティという名の半外部空間を、レーモンドは孔という形に転換したのである。ピロティはモダニズム建築の中心となる極めて重要な発明であり、コルビュジエが最もこだわった手法であったが、人間のための空間として必ずしも成功したわけではない。コルビュジエが主張したように、確かに大地を開放しはしたが、頭がつかえるようなじめじめとしたピロティ空間は快適ではなかった。二〇世紀後半、反モダニズム陣営がモダニズムの非人間性を攻撃する際には、ピロティを恰好の標的とした。

土間と孔

レーモンドはピロティという半外部空間を孔として再デザインし、人間化したのである。その発想のきっかけを作ったのは日本の土間であったと僕は井上邸で気が付いた。まさにその孔は農家の土間のように大地とつながり、しかも周囲の自然ともつながり、不思議に圧迫感がなくじめじめともしていなかった。すなわち孔は開かれ守られていた。この不思議な両義性をもたらしているのは、そこが木造の軽い構造物で覆われ、しかも様々な斜めの要素によって周囲と接続するきっかけが与えられているからである。斜めは、傾斜という言葉を思い浮かべればすぐわかるように、主体に接続をうながし、主体と外部とをつないでくれる。

またしてもレーモンドは、丸太を現代につなぎ直したように土間を再発見したのである。正確にいえば、丸太も土間も、土着的・原始的なものが保存されてきた日本という特殊な場所に長い間、眠っていた宝であった。レーモンドは、軸線やピロティという西欧的な装置をヒンジとして、その宝を現代へとよみがえらせたのである。

レーモンドは自邸に穿たれた孔の空間を特別に愛し、時間が許す限り、季節にかかわらず、その半外部の空間で妻との食事を楽しんだそうである。彼がいかに孔を愛し、斜めがもたらす安らぎと自由を愛したかを、僕はその場所を彼と共有することによって瞬時に理解することができた。

孔はその後、様々な場所に建つ僕の様々な建築の中で、微妙に形を変えながら展開されていった。広重美術館では中央に穿たれた孔を通じて集落と里山をつなぎ、V＆Aダンディでは街と川が孔によってつなぎ直された。レーモンドを日本という場所とつなげたように、孔は、僕を世界のさまざまな場所とつないでくれた。

Ⅳ　冷戦と失われた一〇年、そして再生

日本の敗戦と日欧の均衡の崩壊

二〇世紀前半、ヨーロッパ発のモダニズム建築が驚くべきスピードで世界を席捲した。それぞれの場所がそれぞれの仕方でモダニズムを受け入れ、様々な折衷が試みられた。なかでも日本ではユニークな折衷が試行され、豊かな果実が実った。モダニズム建築誕生の過程において日本建築が大きな役割を果たしたことが、その豊かな果実を生んだともいえる。日本建築から得た様々なヒントが重たく閉じた西欧の様式建築を開き、軽やかで透明なものにするきっかけとなった。浮世絵が印象派に影響を与えたプロセスを想起させる興味深い転換が建築史にもあった。モダニズム建築は一見すると、コンクリートや鉄などの工業素材で作られていて、木造の日本建築とは対照的な素材感を有しているが、空間的には日本建築から大きな影響を受けた。

モダニズム建築の革命が日本に押し寄せたということは、日本人にしてみれば、自分の血縁が海外を巡って再び帰ってきたことになる。しかしそれを意識していた日本人はほとんどいなかった。時代を先行する輝かしい異物として、日本人はモダニズムを捉えた。

親近性が高いから受け入れるのが簡単というわけではない。近い血縁に争いが多いように、近いがゆえに逆に、デリケートで難しい部分があった。また伝統的な日本建築のほとんどが低層建築であったにもかかわらず、モダニズム建築は新時代に出現した高層建築をも処理するユニヴァーサルなシステムをめざした。そのことによる齟齬・困難も生じた。モダニズム建築は、工業化社会が必要とする二つの建築、すなわち都市の高層建築と郊外の中産階級の住宅に対応する新様式建築として二〇世紀を席捲したわけだが、そもそも木造を基本とする日本の伝統建築には高層建築という発想がなかったのである。その点でいえば、モダニズムは日本にとって異質であり、異物であった。

しかし、今振り返ってみれば、空間における親近性と、ヴォリュームにおけるギャップが、ねじれと緊張感を生み、そのねじれによって、戦前の日本の多様で豊かな折衷的建築群が創造されたともいえる。戦前とは、政治経済的にはきわめて不安で暗い時代であったが、その暗さの中で、日本の伝統とモダニズムの折衷は数々の美しい花々を咲かせたのである。

その状況は戦争によって大きな転機を迎えた。決定的だったのは、日本が敗戦国となったことである。西欧と日本との間のある種の均衡、そしてモダニズム建築と日本の伝統建築との間のある種の均衡が、戦前の文化的生産性のベースとなっていた。その均衡が崩れた時に、日本のデザインもまた当然のように、変質せざるを得なかった。バランスを失い、茫然自失状態に陥った日本の建築家たちに救いの手をさしのべたのは、戦勝国であるアメリカであった。正確にいえば、戦勝国アメリカは日本の伝統建築に、新しい利用価値を見出したのである。それは、建築家たちの想像力をはるかに超えた、全く違うレヴェルでの伝統の利用、活用であった。
そのきっかけとなったのは、狭いナショナリズムに先導されていた戦前とは全く異質の世界構造、すなわち冷戦構造であった。この新しい構造が、日米の早急な和解を必要とした。日米は反共という目的のために、すぐさま共闘する必要があった。そして和解の道具として日本の建築的伝統が利用されたのである。

終戦後すぐに和解が始まったわけではない。アメリカは日本の復活を避けるために、財閥の解体、重工業の抑圧などの施策をまず打ち出した。伝統的な日本文化に対しても厳しい目が向けられ、歌舞伎は日本の武士道と直結する軍国主義的な芸能とみなされて、上演を禁止する政策や歌舞伎の廃止まで検討されていた。吉田五十八による歌舞伎座の再建(一九五〇)の驚くべきスピードは、廃絶に対する歌舞伎座関係者の危機感の反映でもあった。

しかし一九五〇年の朝鮮戦争勃発ですべての状況は一変した。日本との和解、日本の復興は、共産主義との冷戦に突入したアメリカにとって一刻の猶予も許さぬ緊急の目標となったのである。では悲劇的な形で決裂し、徹底的に異質であるかのようにも見える日米の二国は、いったい何を糸口にして和解できたのだろうか。

冷戦が要請した、建築を媒介とする日米和解

その時アメリカ政府の中枢にいた人々は、日本の建築文化に注目した。その和解工作の中心にいたロックフェラーⅢ世(一九〇六―七八)は、ダレス国務長官とマッカーサー総司令官のアドヴァイスに従い、朝鮮戦争が始まった翌年の一九五一年、対日講和使節団の文化・科学部門を率いて、早くも日本を訪れている。ロックフェラーに助言し、ヒントを与えたのはニューヨークのMoMA(ニューヨーク近代美術館)の伝説的キュレーターであったアーサー・ドレクスラー(一九二五―八七)である。ドレクスラーこそ日米和解のキーパーソンだった。ロックフェラーⅡ世夫人らが中心となって設立されたMoMAは、アメリカの文化において中心的な役割を果たしただけではなく、ロックフェラー家を中心とする経済界の支援を得ながら、従来の美術館という枠組みを超えた旺盛な活動を繰り広げ、アメリカの政治・経済の中でも重要な役目を担った。二〇世紀のアメリカの繁栄、ヨーロッパに対する優位は、MoMAの存在なしには考えられないとすらいわれる。そのMoMAに一九五一年に加わったドレクスラーは三五年間にわたってMoMAの学芸員、その後館長をつとめ、彼こそがMoMAの象徴、MoMAの哲学の体現者といわれた。

しかし建築を学んだドレクスラーがMoMAという世界の美術界の中心の、そのまた中心的存在になったということ自体がまず異例である。建築を名門クーパー・ユニオンで学び、陸軍の技術将校として日本にも滞在経験があったドレクスラーは、戦時の日本での経験から、日本

図1　吉村順三

の伝統建築の中に、モダニズム建築に通じる合理性や透明性があることを見抜き、建築を媒介とする日米の和解の可能性にいち早く気づいたのである。そこからドレクスラーが中心的役割を担う途が始まった。

　日米が合理性やエンジニアリングを絆として共闘することは、共産主義に優位に立たんとする冷戦後のアメリカにとっては願ってもないことであり、復興を望む日本人にとってもハッピーであった。アメリカは日本の飛行機産業の復活を警戒していたが、建築はある意味で最も安全な平和産業であり、日本建築はデザインとしても産業としても、日米の和解の道具に利用できると、ドレクスラーはひらめいたのである。

　ＭｏＭＡにおいて、建築という分野は、そもそもドレクスラー以前の設立当初から、世界の他の美術館とは比較にならないような大きな存在感を有していた。美術館の中に、建築やインダストリアル・デザインという分野を設けたパイオニアであったし、建築の企画展はしばしば大きな話題となり、デザイン史の転換点となった。言い換えれば、建築やプロダクトデザインを重要視することが、文化・経済・政治を連動させるためにきわめて有効であり、ひいてはそれが国力の盛衰にすら影響を与えることに気づいた人々がＭｏＭＡを作り、動かしていたということである。ドレクスラーは、建築を中心とするその文化・経済連合体の象徴的人物であった。

一九五三年、ロックフェラーⅢ世とドレクスラーは日本を再訪して、桂離宮をはじめとする日本の伝統建築を訪ねた。一九五四年、ＭｏＭＡの中庭に書院造の日本建築を建設することが決定された。当初ロックフェラーは、日本の古い民家を解体して移築する案を持っていたが、

図２　松風荘（吉村順三，1954）

最終的に日本の若手建築家に書院造の建築をデザインさせることとなり、吉村《よしむら》順三《じゅんぞう》（一九〇八―九七、図１）が選ばれた。古色を帯びて黒ずんだ民家よりは、白木で作られた清潔な日本風建築の方が、はるかにアメリカ人の共感を得られることに彼らは気づいたのである。吉村の手でデザインされた現代の書院造は「松風《しょうふう》荘《そう》」（図２）と名付けられた。そこで吉村がモデルとした書院造は、天台宗寺門宗総本山の滋賀の園城寺《おんじょうじ》、別称三井寺《みいでら》の境

内に建つ国宝、光浄院《こうじょういん》（図3）であった。

若いアメリカの象徴、松風荘

松風荘は、モダニズムと日本の伝統建築の和解という目的にとっての、最適解であったように見える。まず製材仕立ての白く輝く檜材は、エンジニアリングをベースとする未来の日米共闘を暗示させた。郊外の芝生の上に住宅を建てたいという中産階級の夢をエンジンとして動いてきた二〇世紀アメリカ経済にとって、松風荘という名のゆったりとして開放的な「郊外住宅」は、新品の匂いのする、素敵でちょっとだけ贅沢な、手の届くおしゃれな「商品」に見えた。

図3　光浄院

書院造をモデルとしたことが、まず絶妙であった。アメリカ戦後中産階級の住宅のモデルとして、平安貴族の寝殿造がふさわしいわけがなかったし、禁欲的で渋い数寄屋造も消費を謳歌する新しい時代の感性にフィットするとは思えなかった。合理主義をベースとする武士の新様式としてたちあがった、序列を廃したフラットな空間構成を持つ書院造こそ、新時代のニューヨークの住宅展示場に置かれるべきものであった。規則正しい柱割を特徴とし、モダニズム建築のフレーム構造を想起させる書院造の合理的構造システムも、エンジニアリングを軸とした日米の共闘の象徴にふさわしかった。

彼らは桂離宮にも当然関心を抱いたが、桂離宮は書院造とはいっても、なにぶん、ロイヤルファミリー（八条宮）の別荘であって、消費の主役である中産階級の「郊外住宅」のモデルとしてはふさわしくなかった。天皇を中心とする日本と戦った記憶もまだ生々しかった。

由緒正しいという観点でいえば、園城寺三井寺も、桂にひけをとっていない。天智・天武・持統の三帝が産湯に使ったとされる霊泉の井戸が転じて「御井」の寺と呼ばれるようになったとされ、大津京を造営した天智帝の遺志を継いだ大友皇子《おおとものみこ》の子、大友与多《おおとものよた》王《おう》によって建立されたという寺の歴史は、この寺が日本史の中で占める特殊なポジションを暗示している。もしも天皇制における天智帝の重要なポジションをアメリカが理解して光浄院を日米和解のモデルとしたとすれば、その戦略的歴史観はおそろしいほどである。

第I章で触れた石元泰博の写真集『KATSURA』のきっかけを作ったのも、MoMAが松風荘の公開と同時に開催した、日本建築の写真展のために撮影を依頼したドレスクラーであった。『KATSURA』は日本の伝統建築の世界的評価を決定づけたともいえる歴史的な写

図 4　『KATSURA』より，笑意軒連子窓

真集となった。サンフランシスコに生まれ、シカゴ・インスティテュート・オブ・デザインで学び、モダニズムの美学をたたきこまれた石元泰博による桂のモノクロームの写真（図4）は、MoMAでの展示の後、全米を巡回し、丹下健三とモダニズム建築の巨匠のひとりであるヴァルター・グロピウスによるテキストが添えられて、一九六〇年イエール大学出版部から刊行された。モダニズム建築に通じる簡潔な美は世界の建築界に大きな衝撃を与えた。

『KATSURA』の中で、石元とバウハウス出身のデザイナー、ハーバート・ベイヤーの二人は、勾配屋根をフレームアウトさせるという大胆なトリミングを用いて、桂をモダニズム建築へと「擬装」した。写真の濃淡を調整し、不都合な部分をトリミングする「擬装」は、画像のコンピュータ処理の先例であり、その元祖はコルビュジエ本人による彼の「美しい」作品集であったと言われる。石元はアメリカのモダニズムの中心地で学んだテクニックを駆使して「桂」を「擬装」した。モダニズムの本質が引き算の美学、排除の美学であったとすれば、コルビュジエをはじめとするモダニストたちにとって、雑音の排除やイメージの整理は日常的な作業だったともいえる。様々な「擬装」を駆使しながら「日米の和解」を目的とする戦後の日本建築再評価が始まった。

図５　丹下健三

和解がもたらした日本の分断

一連の和解作業のなかで一番興味深いのは、なぜ吉村順三だったかである。ほぼ同世代で、すでに国際的知名度があり、モダニズム建築の最大の国際的イヴェントであったＣＩＡＭ会議（近代建築国際会議）にも、一九五一年に招待されていた丹下健三（図５）ではなく、なぜ吉村順三だったのか。

一説には丹下健三の名を世に知らしめた戦前のデビュー作「大東亜建設記念営造計画設計競技」一等案（第Ｉ章図16）が災いしたともいわれたが、それ以上に決定的であったのは、吉村順三が大学卒業後、師事した建築家、アントニン・レーモンドの強力な推薦であった。レーモンドはこの和解の、ドレクスラーと並ぶもう一人のキーパーソンで、レーモンド事務所は、前川國男、吉村順三、そして家具デザイナーとして、モダニズムと和の折衷において決定的な役割を果たしたジョージ・ナカシマ（一九〇五―九〇）をはじめ、戦後日本のデザインのリーダーが輩出した。

その一方でレーモンドは、ミリタリー・インテリジェント・リザーヴ、すなわち陸軍諜報予備役として活動し、一九三八年から四七年までのアメリカへの帰国中には、先述したように日本の都市をいかに効率的に破壊するかを目的として焼夷弾開発にも参加した。戦中戦後の微妙な時期にあって、レーモンドは、アメリカの中枢に近い存在であった。そのレーモンドの推薦で、弟子の吉村に白羽の矢が立ったのである。

MoMAの中庭の建築(松風荘)を、丹下健三ではなく吉村順三が設計したということは、その後の日本建築の歩みに大きな影を落とした。松風荘のみならず、ロックフェラーの私邸であるポカンティコヒルの家(一九七四)、アメリカにおける日本文化センターの役割を担ったニューヨークのジャパン・ハウス(一九七一)も、ロックフェラーは吉村に委嘱した。吉村は日米の和解に大きく貢献したが、一方日本においては、吉村の起用が別の大きな分断を招いたともいえる。モダニズムと日本建築は、和解の絶好のチャンスを逃し、分断をエスカレートさせていったのである。

ロックフェラーやドレクスラーのねらいは、日本の伝統建築とモダニズムとの和解であり、それを媒介とする日米の早急な和解であった。にもかかわらず、その和解の仲裁として選ばれた吉村順三の作品は、MoMAの中庭に置かれた松風荘をはじめとして、日本人の目から見ればあまりにも和に寄りすぎたものに感じられた。アメリカに媚びたもののようにすら見えたのである。代表に選ばれなかった丹下健三らは、特に強くそう感じたに違いない。

丹下健三の怨念と伝統論争

その思いと不満が具体的な形をとったのが、松風荘完成の翌一九五五年に、雑誌『新建築』誌上で始まった「伝統論争」である。戦後日本建築界最大の論争であった。伝統論争とは一般に、貴族的な弥生派と土着的な縄文派の対立として理解されているが、その本質は吉村順三批判であり、アメリカによって仕掛けられた、安易なる伝統建築とモダニズムの和解・談合に対する批判であったと僕は考える。当時『新建築』編集長であり、後のメタボリズム運動の仕掛け人の一人でもあった川添登は、丹下が一九四九年のコンペで戦後デビューを飾った広島平和記念公園を弥生的なもの、すなわち貴族的で女性的なものと見做して、まず丹下を挑発した。

丹下はそれに対して、広島の本館の力強いピロティは縄文的なる伊勢神宮をイメージし、東館の柱梁のフレーム構造は弥生的なる桂離宮をイメージしたと答えた。対立的なものの止揚から新しいものが生まれるとする、当時流行していた弁証法のロジックを、その後の丹下は繰り返して用いた。さらにこの時、丹下は「美しきもののみ機能的である」という有名なセンテンスを記している。それは「機能的なものは美しい」としたモダニズムの基本テーゼの大胆な反転であり、技術をはじめ、機能的なものを軸とした日米の和解工作に対する、根本的な異議申し立てでもあった。

広島平和記念公園は、デザイン的にも政治的にも吉村順三のニューヨークの和解とは対照的であり、戦後という時代の分断と矛盾を鋭くえぐり出している。松風荘の仕組まれた和解に対し、広島平和記念公園は原爆を忘れまいというメッセージを内蔵していたのである。原爆ドームと公園とを強い軸線で結び付けたデザインは、計画敷地と敷地外のランドマークとをつなぐという意味でも画期的で斬新であったが、二〇世紀の「勝ち組」であるアメリカに対して怨念を持ち続けた、本来的に北方的で辺境的であった丹下の核心とつながっている。そしてその根底には彼個人の広島体験があった。

旧制広島高校で学び青春の自由を満喫した丹下にとって、広島は特別な場所であった。終戦間際、今治に住む父の訃報を東京で受けた丹下は今治に向かう途中、広島壊滅の報を聞く。たどりついた今治も同じ八月六日の空襲を受け、母までも亡くなった。戦争が、アメリカが、丹下からすべてを奪ったのである。

それから時をおかずして、丹下は自ら志願して広島に赴き、復興計画の立案に従事した。

私は率先して広島担当を申し出た。（略）草さえも一本も生えぬであろうなどとうわさされていたが、私はたとえわが身が朽ちるとも、というほどの思いで広島行きを志願した。楽しい高校生活を送った土地であると同時に、私が父母をほぼ同時に失ったその時に、大難を受けた土地である。なにか大いなる因縁というものを感ぜざるを得なかったのである。

（丹下健三『一本の鉛筆から』日本経済新聞社）

その強い思いが、一九四九年のコンペ一等案にこめられ審査員の心をうったことは間違いない。ユダヤ人のレーモンドがドイツを決して許さずに反バウハウス的モダニズムを追究しようとしたように、丹下もまたその内心においてアメリカを許さなかったと僕は想像する。「世界のタンゲ」といわれて活躍した丹下だが、アメリカでの作品はきわめて少ない。反ドイツのレーモンドの弟子である吉村による松風荘と、反アメリカの丹下による広島平和記念公園が、太平洋という海の両側で同時に生まれた。

土着の縄文vs.アメリカの弥生

丹下を挑発するように、あなたは縄文なのか弥生なのかという問いは発せられた。その問いの奥には、アメリカと安易に和解した吉村の高床式は弥生的であるとする前提があり、ピロティで高床式とした丹下の広島平和記念公園もまた弥生的であり、親アメリカ的ではないかという詰問が潜んでいた。

タウトが戦前に提示した二項対立（桂離宮、伊勢神宮vs.東照宮、すなわちモダンで原型的な王朝文化vs.キッチュで後発的な武家文化）はこの伝統論争の中で完全に無効化された。それは、「土着的・原型的な縄文（縄文土器、伊勢神宮）」vs.「繊細で後発的な弥生」という、より根源的な二項対立に置き換えられた。もはや王朝と武家が日本という小さな土俵で対立するのではなく、土着的なるものとアメリカ的なるものが、世界という大きな舞台の上で対立する時代が到来したのである。

この論争で弥生は防戦に追われ、かわりに時代の注目を集めたのは縄文の野太い造形で知られる建築家の白井《しらい》晟一《せいいち》（一九〇五―八三）とアーティストの岡本太郎《おかもとたろう》（一九一一―九六）であった。二人はともにヨーロッパに学び、戦前のヨーロッパの先端的な知とつながって、その視点からアメリカ的なもの、弥生を批判し、和解を茶番として否定した。

縄文が優位とされたのは、伝統論争がスタートした一九五五年という微妙な年号と深い関係がある。アメリカとの和解を進める最中の日本には、すでに朝鮮戦争による特需が押し寄せ、戦後の高度成長の上げ潮がまさに始まろうとしていた。多くの経済学者は、日本の高度成長を一九五四年から一九七三年までと定義するが、一九五五年の日本は、松風荘に象徴される単に優雅なだけの国ではなく、モダニズムの合理性・透明性を控えめに後追いするだけの国でもなかった。朝鮮戦争の特需を追い風に、日本は独自性をもった力強くたくましい国として、世界の中を走り始めた。

加速していく戦後の時代のダイナミズムの中、その根本において反アメリカ的であった丹下の建築はより縄文色を強め、野太い方向へと進化していった。同時に縄文的気質のさらに強い丹下の二人の弟子、磯崎新《いそざきあらた》（一九三一―二〇二二）と黒川紀章によるコンクリートで作られた威勢のいい建築は、高度経済成長の時代にあって、繊細な迷いと弁証法によって揺れ続けた丹下建築以上の強い存在感を発揮するようになっていく。縄文は、環境と不釣り合いなコンクリート製のシンボリックな建築を正当化するためにもっぱら用いられて、いわゆるハコモノ建築の免罪符となった。

縄文に対する傾斜は、逆説的に日本の伝統文化に対する関心を薄めていった。吉村順三の弥生的なるものは、日本の本質とは離れた後発的なものとみなされ、国内では吉村の存在感が薄れただけではなく、松風荘的な木造の繊細な表現自体に対して、ネガティヴな視線が注がれた。その先に待ち受けていたのは松風荘的なるものすべてを、「和風」という特殊な枠の中に閉じ込めようという動きであった。縄文というナショナリスティックで威勢のいい掛け声が、結果的に日本人の伝統に対する意識と関心を弱め、モダニズムと伝統との分断を深めてしまったといえる。

その後、経済成長の速度と比例するように、日本の建築界も日本の社会も分断されていった。その意味で「伝統論争」は結果として建築界を伝統から切断し、伝統をわれわれから遠ざけ、骨董化・死体化させた。

その分断の中で唯一丹下だけが二極の間で揺れ続け、迷い続けていた。高度成長期のダイナミックなうねりのリーダーとして、丹下は戦後の建築界を牽引した。しかしこの輝くリーダーである丹下の中には絶えず迷いが存在していた。広島平和記念公園では、縄文的ピロティと弥生的ラーメン構造の間で、丹下は迷った。戦前の「大東亜建設記念営造計画」は、産業革命に遅れをとったドイツ的・北方的なるものから学んだ大地のデザインと、産業革命の勝ち組を想起させるコルビュジエ的で、構築的な切れ味のいい造形との間の迷いであった。

しかし迷いが丹下建築を弱めることはなかった。逆に迷いが丹下建築を豊かなものにした。迷いがもたらす折衷性が丹下建築の幅の広さとなり、戦後というダイナミックな混乱の中で、輝きを発し続けたのである。内心では多いに迷いながら、外面的には迷いを弁証法と言い換えることで、丹下はこの何重にもねじれた時代を牽引した。

丹下自邸という究極の和洋折衷

その迷いを象徴する出来事が、丹下自身の設計による成城学園の自邸(一九五三、図6)の取り壊しという、小さくて大きなドラマである。

丹下自邸はきわめて興味深い「和洋折衷建築」であった。モダニズムの王道をいったと考えられている丹下による「和洋折衷」というと、違和感を覚える人も多いだろう。しかしこの忘れられた名作は見事な「和洋折衷」であり、モダニズム建築という西欧発の新デザインと、日本固有の場所との折り合いをどうつけるかという大課題に対する、最も真摯で誠実、そしてある意味で不器用な解答であった。

図6　丹下自邸(1953)

図7　丹下自邸前の築山

まず丹下は地面に着目した。成城学園の駅前の三〇〇坪という日本の住宅としては広い敷地を手に入れた丹下は塀を設けずに築山によって大地を分節した(図7)。建築という構築物をデザインする前に、それが置かれる敷地をどうデザインするか、どう定義するかに、丹下はこだわり続けた。そこに丹下独特の北方的・非構築的方法の核心があり、自邸においてもその北方性はいかんなく発揮されるのである。そのようにして注意深くデザインされた波打つ大地の上に、極限まで薄く軽い面としてデザインされた一枚の床が浮遊する。床は木造のピロティによって支えられ、波打つ大地の上に浮かんでいる。

これがコンクリートのピロティであったならば、ピロティの柱自体がひとつの表現とならざるを得ない。しかし木造の細い柱を選択したことで、柱は消え、この軽さが可能となっている。広島の本館のように縄文的にふるか、東館のように弥生的にふるかという設問に対し、丹下は木造という第三の答えを用意した。柱の存在感を消すことで、縄文も弥生をも超越して、究極の薄い床だけを大地の上に浮かせてみせたのである。

この自邸という究極的にプライヴェートな場所において、丹下は自らの北方性を極限まで推し進めたともいえる。その方法は、桂離宮によって呼び覚まされたようにも見える。石元の桂離宮の撮影に同行した丹下は、自分のライカで桂を写しまくった。死後発見された丹下撮影のコンタクトシートから、「真《しん》・行《ぎょう》・草《そう》」の敷石や「あられこぼし」の石畳に代表される桂のランドスケープへの興味をうかがうことができる。この大地への関心・北方性は、自邸の室内においてさらに徹底される。その柱によって持ち上げられた薄い床はなんと畳敷きなのである。構築性を消去して、大地と身体との関係へと建築を還元させようとした丹下の北方性は、畳というやわらかな「地面」と身体との濃密な関係に室内を還元し、それ以外の要素をすべて排除していく。

この還元作業の徹底ぶりは驚くほどで、畳の一部が板畳となってそのまま物を置くテーブルとして用いられ、細いスチールの脚を持つ軽やかな椅子と座布団が畳の上に直接置かれるだけであった。丹下の北方性は、存在感ある構築的な家具を一切拒否し、同時に前近代的な「和風」への回帰も否定する。明かり障子の採用と、その上部につけられたフレームレスのガラスでできた「欄間」のバランスも、その拒絶の産物である。その拒絶の隙間に、緊張感に満ちて不器用な「和洋折衷」が生まれた。

おもしろいのは、ここで柱のリズムに応じて二種類の寸法の畳が用いられていることである(図8)。小さな畳は、水廻りや収納などに対応した四尺を基準とした寸法を有し、丹下と同様に本質的に北方的であった千利休が考案した台目畳《だいめたたみ》を連想させる。

雑誌に発表された写真と断面図を注意深く比較すれば、さらに奇妙なことに気づく。断面によれば緩い勾配屋根がのっていることは間違いがないのだが、写真には一切勾配屋根が写って

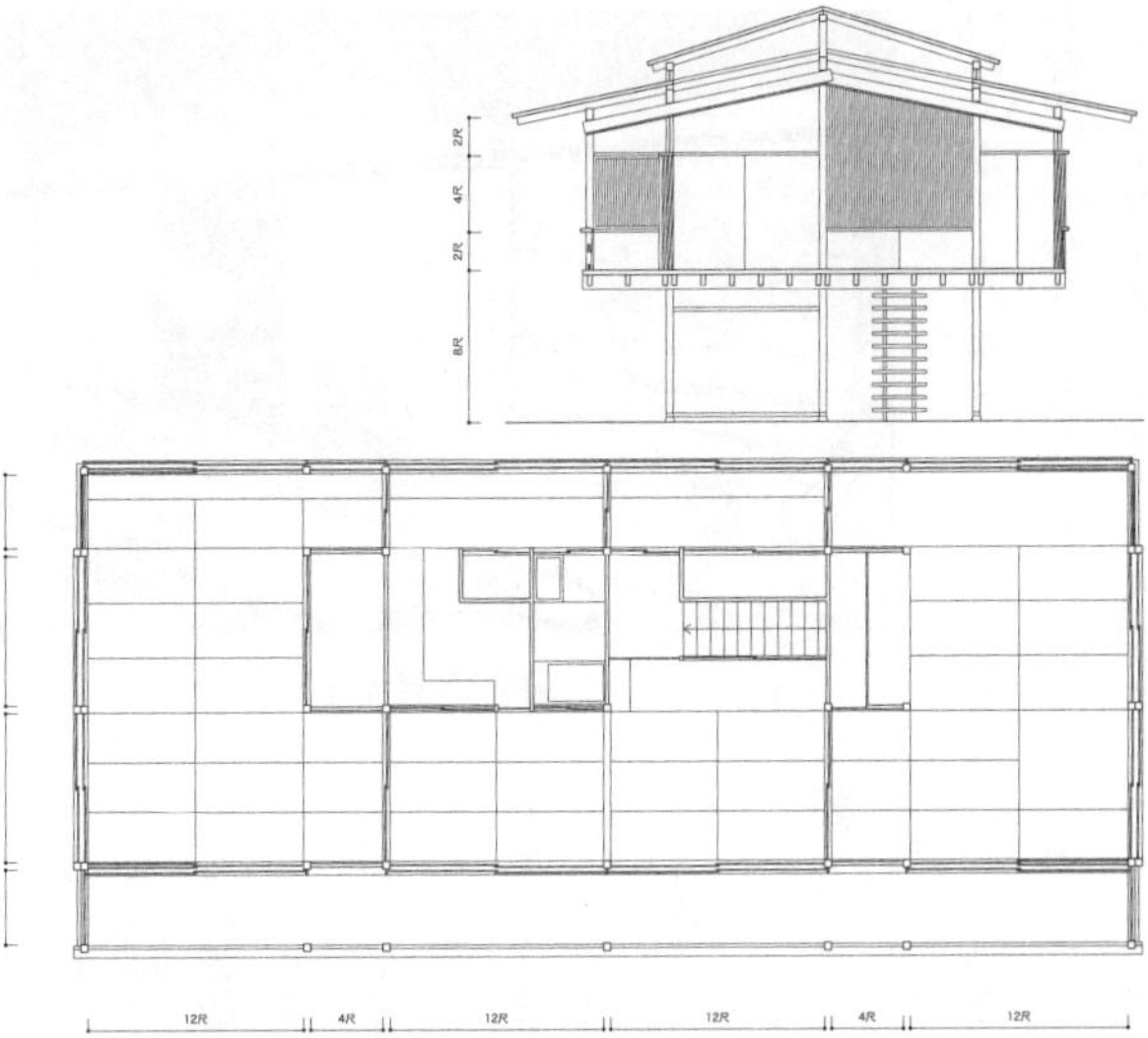

図 8　丹下自邸の立体図，平面図

いないのである。丹下が序文を寄せた石元の写真集『KATSURA』で屋根がフレームアウトされているように、自邸では下からあおって撮った写真のみを使うことによって、屋根が「消去」されている。しかも勾配屋根がいやおうなしに写ってしまう妻側(屋根に対して横から見て直角になっている部分のこと)の写真は公表しないという、徹底した屋根の隠蔽が行われた。

天井の収まりもまた奇妙である。日本の伝統建築は基本的に梁の上に細かく束《つか》を立ち上げて、剛性の高い一種の和小屋と呼ばれるスペースフレームを作る。丹下はここでも、この和小屋の醸し出す「和風」を拒絶して、「登り

図9　竿縁天井

梁」と呼ばれる斜めの梁で屋根を支えるという西欧的な方法を採用した。

ならばその登り梁の構造の斬新さを見せるというのが自然の解法に思え、レーモンドは当然そうしているのだが、丹下はそこで構造を隠して天井を張る。天井を張るとは、和小屋の煩雑な骨組みを隠すために進化した典型的な「和風」の手法であり、中国の木造は日本の木造の原型であるにもかかわらず基本的に天井は張らずに骨組みをむき出しにする。丹下は洋からも和からも中国からも距離をとった。しかも丹下の張った天井は竿縁《さおぶち》天井という、いかにも「和風」なものであった(図9)。その竿縁天井は、これまた驚くべきことに、通常は垂木を用いる外部の軒下にも延長されている。結果として、ミースのユニヴァーサルスペースを連想させる、内外をまたいで連続する抽象的な天井面が、竿縁天井を用いて生成された。しかもミースと違ってこの天井面は斜めであった。丹下は「斜めのユニヴァーサルスペース」を発明したのである。さらに外部の軒の大きな張り出しを支えている

図 10　国立代々木競技場(丹下健三，1964)

のは、柱の両側と梁で挟み込むという、レーモンド経由で日本に導入された西洋の民家の木造フレームであった。

自邸取り壊しと日本との訣別

「和風」に染まることなくモダニズムを貫きながら、しかも西欧的・構築的なモダニズムをも超えたいとするアンビシャスで矛盾に満ちた丹下が、このような、ある種不器用で前例のない「和洋折衷」を生み出したのである。

しかし丹下はそれ以降、この試みを継続していくことはなかった。見事に床を浮かし、構造物の消去を可能とした木造という繊細なシステムにも、なぜか、その後ほとんど興味を示していない。一九六四年の東京オリンピックの会場となった国立代々木競技場(図10)という一世一代の建築を完成させた後、丹下は自邸にこもって、手狭になった自邸の改修・増築の様々なオプションを一人で検討し、多数のスケッチを残している。このスケッチは、丹下がいかに迷う人であり、いかに人間の生活というものに対して繊細な感性を持っていたかを物語っていて、感動せずにはいられない。

しかし結局、増改築は行われず、一九七四年に取り壊され、丹下は三田にあるコンクリートマンションの住人になった。この木造からコンクリートへの引っ越しは丹下の離婚の事情等も絡み、複雑であるが、自邸の取り壊しは、丹下という建築家の一つの決断、正確にいえば断念を象徴し、同時にまた一つの時代の終わりを意味するように僕は感じる。

一九五八年、磯崎、黒川と並んでポスト丹下世代のリーダーであり、黒川、槇文彦《まきふみひこ》(一九二八―)と共にメタボリズム運動を推進した菊竹清訓《きくたけきよのり》(一九二八―二〇一一)の自邸、スカイハウスが完成した。それは菊竹による一種の丹下自邸批判であり、二つの自邸を見比べると、様々な意味で時代の大きな転換が感じられる。

まず両者はピロティで一階を開放した「空中住宅」であった。また上階である二階を日本の伝統的な書院造を想起させる開放的な一室空間にしようとした点でも、二つの家は共通していた。

しかし、その空間の印象はまるで異なっている。菊竹はそれ以前に丹下自邸を訪れて、「せせこましくて、全然良くなかった」という感想を残している。その「せせこましさ」を解消するために、菊竹は住宅とは思えないような大げさなコンクリートの支柱で建物を空中に浮かせ、HPシェル構造と呼ばれる最先端のコンクリート構造システムを採用して、下から見上げると梁が一切ないシンプルな大屋根を作った。丹下が木という弱い素材を組み合わせながら、苦心に苦心を重ね、迷いに迷った末の空間を、菊竹は「せせこましい」と一言で切り捨て、コンクリートを使って「気持ちのよい」大空間を空中に浮かせた。

しかし学生時代に菊竹邸を訪れた僕の目の前には、丹下邸にあった大地へのやさしさも、低く華奢な家具と畳との細やかな対話もなかった。コンクリートのごついピロティは大地を蹂躙し、大空間の中、フカフカの絨毯の上で高価な家具がピカピカと輝いていた。すなわち丹下にあった控え目さと北方性すべてが否定されていたのである。ガラス張りの高層オフィスビルの重役室に通されたような違和感しか残らなかった。

同じ一九五八年に、もう一人のコンクリートの雄であった磯崎新は、建築雑誌の座談会(『建築文化』一九五八年四月号)で「小住宅設計ばんざい」と叫んだ。もちろんこれは皮肉に富んだ表現であり、住み手の生活に寄り添い、時には逆らいながら、小さな住宅を丁寧に設計している建築家に未来はないというのがその真意であった。これを読んだ丹下は、どういう思いを抱いただろうか。

その小さな木造住宅の取り壊しは、モダニズムというグローバルな原理と、日本という固有の場所とをつなごうとする戦前からのさまざまな試行への終止符であった。日本建築という豊かで多様性に満ちた建築的伝統は「和風」という小さな閉じた箱の中に閉じ込められて、骨董化していくのである。

縄文からコンクリートへ

モダニズムと日本との分断には一九五〇年代の世界の新しい状況も影を落としていた。それはブルータリズム建築と呼ばれる、新しいデザインのトレンドである。きっかけを作ったのはコルビュジエがマルセイユ郊外にデザインしたユニテ・ダビタシオン（一九五二）である。戦前のコルビュジエの、平滑で質感のない白いコンクリートとは対照的な荒々しいコンクリートの外壁。巨木を想起させる太いピロティ柱。コルビュジエはこの荒々しい縄文的表現を、その後、ロンシャンの礼拝堂（一九五五、図11）、インドのチャンディーガルの作品群（一九五五―六二）でさらにエスカレートさせていった。コルビュジエはまたしても時代を先導したのである。

イギリスの建築家スミッソン夫妻は、この流れを一九五三年にブルータリズムと名付けた。それは、二〇世紀の工業化社会の産物であり象徴であるコンクリートという素材を、多様な場所、多様な文化へと適合させ、ローカライズするための新デザインであり、コンクリートの延命策でもあった。工業化の波が世界の隅々へ（それこそインドのチャンディーガルまで）広まってい

図11　ロンシャンの礼拝堂(コルビュジエ，1955)

く戦後的状況に建築家は鋭敏に反応し、コンクリートに荒々しい野性の表現を付与した。縄文は、そのブルータリズムの日本流の言い換えであった。

日本において発明された縄文は、日本とコンクリートとの安易な野合の別名であった。縄文という便利なキーワードを発明したことによって、コンクリートは何の遠慮もなく、いかなる罪の意識ももたずに日本の繊細な都市を破壊することが許されるようになった。縄文は日本人を決定的に伝統から遠ざけるきっかけを作り、この国の豊かな伝統を忘却するための言い訳となったのである。

言い方を変えれば、柱と梁に、職人的な繊細さと芸術的なプロポーション(比例)を与えながら組み合わせていく弥生の手法では、高度成長期が必要とする建築の大量生産は不可能であった。コンクリートの武骨な箱を、彫刻的方法を駆使しながら爆発的に拡大し増殖させる縄文的方法こそが、高度成長期の日本に最もフィットしたのである。弥生と縄文の間で迷い続けた繊細な丹下健三の、縄文の部分のみを継承した磯崎・黒川という二人の弟子は、ブルータリズムと縄文の力を借りることで、一九七〇年代、八〇年代の日本建築界のリーダーへと登りつめた。

その分断の状況の中で日本の伝統を忘れまいとし、伝統にこだわり続けたいと考えた建築家がいなかったわけではない。先述した吉田五十八はその代表的存在であった。高度成長期には吉田たちにも十分な活躍の場所があった。伝統的な日本の家に住みたいというクライアントも、和風の料亭や旅館のニーズもまだ存在したからである。しかし和風建築家は、モダニズムを信奉する正統的な建築家とは異なるカテゴリーに属する一種の特別な人という扱いを受けた。逆に彼らもまた特別な人であることを意識的に演出した。和風建築の設計には一子相伝に類する修練が必要であって、誰にでも簡単にできるものではないというメッセージをさりげなく送り続けたし、実際に吉田五十八の和装に代表されるように、その服装、その日常生活が特別であるように演出されていた。和風建築家は自ら選んで特別な存在となり、建築界は完全に分断されていった。どちらの人々も相手方に関心を払おうとはせず、和解を試みようとする者は裏切り者の折衷主義者とみなされて、分裂は放置され拡大された。

にもかかわらず、戦後の日本文化全体を見渡した時、建築という領域はきわめてアクティヴであったように見える。文学・音楽・絵画などの諸領域と比較しても、建築の達成はめざましく、世界的な建築家が多数輩出した。考えられるひとつの理由は、多くの建築が作られたことである。持ち家政策によって多くの家を建てることが国是とされ、その後、住宅需要が頭を打ち始めると、都市間競争に勝ち抜くための様々な法的ボーナス制度、緩和制度によってビルの高層化はエスカレートしていった。それはある意味で冷戦期にアメリカによって構想された平和産業＝建設業による復興というシナリオの最終章でもあった。

高度成長は建設業によって牽引され、高度成長後も政治と密着した建設業は、経済の主力であり続けた。その結果ハイテク産業が育たず、それがさらに建設業依存を高めるという形で悪循環が続く。戦後政治に対しても建設業は大きな影響力を発揮し続けた。公共工事を発注することが選挙での集票につながり、必要性の疑わしい建築物が政治のために建設され続けた。経済においても政治においても、戦後日本は建築によってリードされ続けたのである。

しかしその結果として多くの建築的実験の場が与えられ、文化においても建築は日本の中心的位置を占めることができた。一九六〇年代に世界の建築界を揺るがしたメタボリズムの建築はその文化的エネルギーの象徴であった。冷戦時に、日本の建築文化の価値を見出したロックフェラーとドレクスラーの慧眼によって、戦後の日本社会と文化の枠組みは規定され続けたのである。

その「建築の時代」「建築の国」の中で、二つの分断が進行していった。ひとつは、モダニズム建築と生活との分断であり、もうひとつは東京と地方との分断であった。二〇世紀初頭、工業化社会に適合するための新様式としてスタートしたモダニズム建築は、地域の材料、地域の工法などの様々な地域性を排除した合理的でグローバルな新様式として、世界を席捲した。新様式は、大量の建築を短期間に建設するには適していたが、その流行によって、地域が守り続けてきた多くの建築的な資産が失われ、世界の建築の多様性は消滅していった。

豊かな建築的伝統を保っていた日本もその大波のもと、木造からコンクリートへ、工法の大転換を強いられ、伝統建築の豊かな資産は失われていった。日本の伝統建築の知恵は、資産家のための高級住宅や日本料理を供するレストランのための特殊な意匠という形に封じ込められ、モダニズム建築と日本人の生活との分断は深まる一方であった。縄文という大義名分を獲得して伝統と訣別した日本のモダニズム建築は、磯崎・黒川がリードする「芸術的」な方向へと縄文から進化し、建築と生活とのギャップも深まった。

その戦後の未曽有の建築ブームは、一九九〇年代のバブル経済の崩壊によって翳りを見せ始め、それ以降、一気に建築批判がまきおこった。建築批判は日本だけの現象ではなかった。経済の中心が、製造業からサーヴィス業へと転換した八〇年代後半以降、ほぼすべての先進国で、建築は税金の無駄遣いであり、環境破壊そのものであるとして、逆風が吹き始める。なかでも日本における建築批判は、それ以前の建築依存や建築中心主義が激しかった分だけ、建築と生活との分断が大きかった分だけ苛烈をきわめた。建築は社会の敵であるとみなされ、「コンクリートから人へ」という政治的キャッチフレーズも、国民の支持を集めた。

実際に建築ブームは、東京と地方の分断、大企業と中小企業の分断、そして様々な格差を生んでいた。建設産業の特徴はゼネコン(元請け)を頂点とする多重下請け構造にあり、東京の大ゼネコンをトップとするピラミッド状のヒエラルキーが戦後の建設産業を支えていた。利益はヒエラルキーの上部に位置する大企業によって吸い上げられ、建設業が活況を呈していたように見えていたにもかかわらず、下請けの中小企業は疲弊していた。日本の様々な場所に根付いていた豊かなクラフトマンシップは失われ、格差は拡大する一方だった。建設業中心の戦後システムの中で大企業と中小企業の格差は拡大し、東京と地方の格差も、拡大する一方だったのである。

その昭和から平成へという時代の大きな流れに対して最も批判的な目をもっていたのは、残念ながら建築家ではなかった。建築家は、磯崎や黒川のようにコンクリートによる「縄文化」を先導し、縄文が飽きられると、それをアートというキャッチフレーズに置き換えることで、より大きな建築、よりアーティスティックな都市を作ることに加担し続けた。その流れに違和感を持つ建築家たちは「和風」という領域に閉じこもって、日本の伝統建築という豊かな資産を、趣味的で商業的な世界に閉じ込めて衰弱させ死体化させた。どちらの建築家も、共にこの流れを加速し続けた。

鈴木成文と内田祥哉

その戦後の大きな流れ、大きな分断と疲弊を生み出した建築界で、唯一批判的な視点を保っていたのは、建築アカデミズムの中で、建築計画学・建築構法学と呼ばれていた、きわめて地味な二つの流れであった。

正直に告白すれば、学生時代の僕はこの二つの流れを敵対視していた。当時の計画学のボスであった東大の鈴木《すずき》成文《しげぶみ》(一九二七—二〇一〇)も、構法学のボスの内田《うちだ》祥哉《よしちか》(一九二五—二〇二一)も、僕の学生時代の作品に対して最も批判的だったからである。

当時の東大では、一つの設計課題に対して提出された学生のひとつひとつの作品を前に、ほぼ全員の教授たちが集ってコメントし批判する「クリティック」と呼ばれるイヴェントが行われていた。学生は自分のデザインをパネルを使って数分間で説明し、教授たちがそれに対して意見を述べる。僕の作品に対して、いつも最も批判的で手厳しいコメントを浴びせかけてきたのが、建築計画学の鈴木と、建築構法学の内田だった。彼らにとっての僕は、磯崎・黒川を頂点とするデザイン重視のトレンドにあこがれる軽薄な学生の代表に見えたのであろう。鈴木は生活や使い勝手という視点から、僕の提出した設計案の問題点を徹底して批判した。「君は使い手のことを考えたことがあるのか！」

一方の内田は「これはどうやって作るの？」と、生産という観点から、僕の提案に対して疑問を浴びせ続けた。建築をどう作るかをまったく知らなかった僕は、何も答えることができず、うつむくしかなかった。

当時は、この「意地の悪い」二人の教授を天敵と感じていた。時代に逆行しデザインの新しい流れを理解しない、どうしようもないわからずやで、ダサいおやじだと感じたのである。

しかし、世の中に出て、実際に建築作品を作り、住み手、使い手から散々のクレームを受け、一方で作り手、すなわち施工者や職人からも、「こんなもの作れるわけないだろ！」と呆れられ、やっと鈴木と内田の言っていたことを理解できた。生活と生産に対して、自分がいかに無知であり無神経であったかを思い知らされた。逆にその二人に問い詰められ、悔しい思いをしたことで、自分の幅が少しばかり広がったかもしれないとも感じた。建築計画学と建築構法学の中にこそ、日本建築が直面する様々な分断を解決する鍵が潜んでいるように感じ始めたのである。

西山夘三と生活への回帰

建築計画学は日本にしかない学問、日本独自の研究分野であるといわれることがある。その学問が生まれるきっかけを作ったのは、大阪の下町で育ち京都大学で学んだ、ひとりの共産主義者、西山《にしやま》夘三《うぞう》（一九一一―九四、図12）であった。彼は、ヨーロッパ流の建築家の「上から目線」「上からのデザイン」に対し体質的に違和感を覚えていた。使う人間の立場にたってデザインをするためには、生活の現場に入って、その様子をじっくり観察し、ゆっくり話を聴かねばならないと考えた彼は、「住まい方調査」と呼ばれるリサーチをはじめた。

ここでも再び日本における東と西の対抗、そのダイナミズムが影を落とす。武田五一の茶室研究を生み、タウトの日本観を決定づけ、村野藤吾の反吉田流茶室を育んだ西の左翼性が西山の「住まい方調査」とその成果である食寝分離論を生んだのである。なじみのある大阪の下町のスラムでの調査を通じて、彼は食寝分離という住まい方を提案した。一九四〇年に関東大震災の復興のための内務省の下部組織としてスタートした同潤会に入社した西山は、戦中の一九四二年、「住居空間の用途構成に於ける食寝分離論」という、日本を変えたともいえる画期的な論文を発表するのである。

親子で別々に寝たい「就寝分離」の欲求以上に、食事をする空間と布団を敷いて寝る空間とをなんとか分けたい「食寝分離」の欲求がどんなに小さな家の中でも日本人の生活のベースとなっているという西山の発見は、戦後日本の住宅デザインに決定的な影響を与えた。具体的には、この西山の発見から、ダイニング・キッチンという日本建築の大きな発明が生まれた。

歴史を細かく辿っていけば、ダイニング・キッチンの発祥の地は日本ではない。モダニズム建築の黎明期の一九二八年に、コルビュジエやミースが中心となって、その推進を目的とする国際会議CIAMが設立された。生活最小限住宅をテーマとして開催されたその第二回会議でドイツの建築家エルンスト・マイ(一八八六—一九七〇)と、マルガレーテ・シュッテ＝リホツキー(一八九七—二〇〇〇)によって提案されたフランクフルター・キュッヘは、三・四四メートル×一・九〇メートルの小さな部屋の中にキッチンとダイニングを詰め込んだことで話題となり、その後ドイツではその形式が、ヴォーン・キュッヘ(居間「Wohnraum」＋台所「Küche」)として展開されていったのである。

図12 西山夘三

背景にあったのは、二度の世界大戦の敗戦からの復興、そして住宅難の解消が危急の課題であったドイツの事情である。キッチンの改革は一九世紀アメリカにおける女性解放、フェミニズムが先鞭をつけたが、アメリカでは、スペースの節約よりキッチンという家具のイノヴェーション、すなわち商品のイノヴェーションに軸足があった。さらに二〇世紀初頭から反共思想が高まり、フェミニズム自体が弾圧され、キッチンの改革は進まず、女性は狭いキッチンに閉じ込められ続けた。

51C型と東求堂

女性解放と結びついたかたちでダイニング・キッチンという省スペースの知恵を生み出したのは、そもそも貧しく工業化の後発国であるドイツや日本であった。そしてその後、キッチンと食卓を一体化する形式が、ダイニング・キッチンという和製英語とともに世界で最も早く、庶民の住宅に広まったのは日本であった。西山がかつて勤めた同潤会(のちの住宅営団)という政府の組織がダイニング・キッチンを後押ししたことが最大の要因であった。

そのプロセスを象徴するのが、一九五一年に公営住宅のモデルプランニングとして発表された、東大建築学科の吉武泰水《よしたけやすみ》研究室を中心とするグループの手による51C型、正式には公営住宅標準設計51C型である(図13)。関西の反権威主義的文化の中で、西山によって始められた「住まい方調査」の方法を東で継承したのが鈴木成文だった。ここでもまた西と東との対立と確執から、新しい流れが生まれたのである。西と東はそのような批判と創造のキャッチボールを繰り返しながら、日本を前へと進めてきたともいえる。東で、西山からそのボールを受け取って新しい51C型のプラン作りの中心人物となったのが、僕の「天敵」鈴木であったというわけである（図14）。

51C型は、戦後の住宅不足への対応策としての最小限住宅の供給を目標としていた点では、一九二九年にドイツで発表されたフランクフルター・キュッヘと同じ歴史的な背景をもっている。ドイツや日本という工業化の後発国に、さらに敗戦が覆いかぶさった二重の苦境の中から、

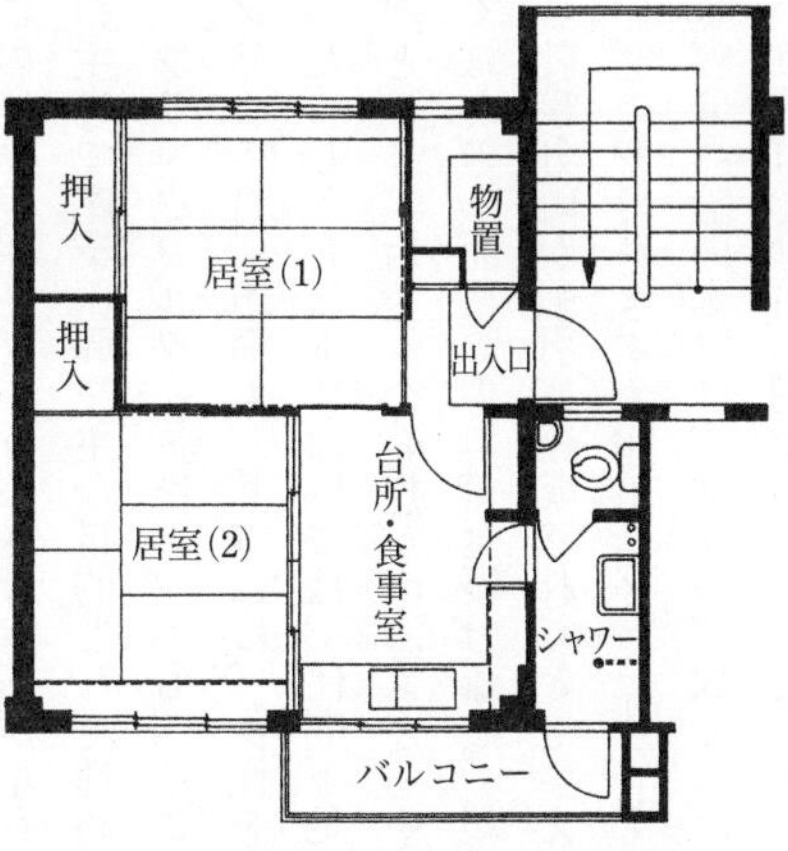

図13 吉武研究室による原案平面「51C-N」

図14 51C型住宅の後につくられたURの蓮根団地（1980年建築）

この最小限住宅という小さな宝石が示された。しかし日本において特徴的なのは、それが国家の主導で産業振興を主な目的として進められたことであった。

フランクフルター・キュッヘも、そこに大きな影響を与えたと考えられる二〇世紀初頭のアメリカの台所革命も、基本には、女性を家事から解放する女性解放、フェミニズムの発想があった。しかし日本においては、住宅不足の解消と、そこに付随する建設業を基盤とする経済復興という「お上」の発想が中心となって、一二坪(四〇平米)という今日の住宅から考えれば驚くほどの小面積の中で、食寝分離と、親と子供が別々に就寝できるように二つの寝室を確保する就寝分離が強引に達成されたともいえる。フェミニズムの立場からこのお上による機能的小住宅の背景をさぐる西川祐子(一九三七―)は、一九四二年に同潤会に所属していた西山夘三の食寝分離論の本質は、女性の解放ではなく、夜中に帰ってくる父親が家族の就寝を妨げないという国家総動員体制であったと鋭く指導する。

それは日本の「近代化」と呼ばれていたものに、基本的なフェミニズムの視点が欠落していたことを思い出させる。食寝分離とは、女性を置き去りにして進んだ日本のマッチョな近代化の、建築的翻訳と見做すこともできる。

そのような様々な問題をはらみながらも、51C型の実物に足を踏み入れてみると、一二坪の極小の空間であるにもかかわらず、そのきめ細やかで暖かい雰囲気に、圧倒されずにはいられない。

　そのひとつの理由は、引き戸という日本固有の小道具が、51C型の中で徹底的に駆使されているからである。西欧の扉の基本は丁番《ちょうばん》のついた開き戸であり、木造建築が中心であった中国や韓国でも、扉や間仕切りの基本は開き戸であった。日本でも引き戸の出現は平安時代中期といわれ、それ以前は開き戸が中心であった。高温多湿で高密な日本の環境が引き戸を生んだともいわれるが、上下のレールが細密に平行でなければスムーズに開閉できない引き戸は高い施工精度が必要とされる。建築技術的にいえば開き戸はプリミティヴであり、引き戸はより洗練されたものであった。開き戸は扉を開けた状態であっても、扉は厳然として存在する。しかし引き戸を引ききれば二つの空間は自然とつながり、すでにパーティションは消滅している。そこまで空間をつなぎたくなければ、引き戸を半分とか、三分の一だけ開けるといった小数点的な微妙な関係性を作りだすこともできるのである。

　工業化による人口の急増と戦争による都市の破壊という二〇世紀のダブルパンチが「最小限住宅」という課題を、この時代に与えた。引き戸は、二〇世紀の最小限住宅の最大にして最新の武器となった。廊下なしでも、引き戸は様々な関係性、様々なグレードのプライヴァシー保護を可能としてくれたのである。

　廊下というサーキュレーションに特化した空間と、開き戸という不器用なパーティションになじんできた西欧にとって、「最小限住宅」の課題はハードルが高かった。それを強引に達成しようとしたならば、ミースのバルセロナ・パヴィリオンやフィリップ・ジョンソンのガラスの家（一九四九）のように、芸術的でアヴァンギャルドな解答、すなわち実際には人の暮らすことのできないガラス張りの一室空間で、世間を驚かせるしかなかった。

51C型と社会との関係は、その対極であった。51C型はローコストで建設も容易な公営住宅の具体的モデルプランであり、実際に数多くの公営住宅でそのプランは実行された。さらに民間のアパートにおいても徹底的にコピーされ、戦後日本の住宅の原型となったのである。51C型は本当の意味で社会と一体であり、社会を変えた。

そして興味深いことに、バルセロナ・パヴィリオンやガラスの家にだけアートがあり、文化があったわけではなかった。51C型のデザインの中心人物であった吉武泰水（一九一六―二〇〇三）は、国会議事堂の設計者の一人、「西」の建築文化の中心人物である武田五一の弟子であった吉武東里《よしたけとうり》（一八八六―一九四五）の子息であり、鈴木は、仏文学者でマラルメをはじめとする象徴派文学の研究者であった鈴木《すずき》信太《しんた》郎《ろう》（一八九五―一九七〇）の子息で、彼の近代フランス文学をベースとする文学的教養は、51C型の近代性とヒューマニズムの中に、遺憾なく発揮されていた。近代という時代精神の上に、日本の「最小限住宅」という花が咲いたのである。

さらに51C型のもうひとつのマジックは、その空間の重心の低さであった。吉武も鈴木も、日本の住宅の近代化の重要なツールとなるはずの「最小限住宅」に、堂々と六畳半と四畳半の二つの畳の部屋を設けた。畳は空間のフレキシビリティに大きく貢献しただけではなく、空間全体の重心を大きく下げる。それによって、決して天井高が高いとはいえない51C型の空間が、余裕のあるものに感じられる。建具の高さで水平に廻された廻り縁も、空間の重心を下げることに貢献し、低く狭い空間をゆったりとしたものに感じさせるのに役立っている。

目玉であるダイニング・キッチンの台所器具の高さも、現在の標準（八五センチ）から比べると驚くほどに低い四三センチで、空間の重心を大きく落とす役割を果たしていた。映画監督、小《お》津《づ》安二《やすじ》郎《ろう》もカメラの三脚の足をカットすることで空間の重心を大きく下げ、決して広くはない日本の室内空間を驚くほどに豊かな空間として描き出すことに成功した。小津は引き戸を小道具として、空間の微妙な連続感や深さを出したことでも知られている。「麦秋」（一九五一）や「東京物語」（一九五三）は、まさに51C型と同じ時代の達成だった。

51C型の実際の空間の質感は、はるか昔の「小さな住宅」である、足利義政が京都の東山に建てた銀閣寺の中の小さな書院、東求堂にきわめて似ていた。歴史上の最初の書院、最初の茶室とも呼ばれる東求堂もまた、引き戸によって空間を様々に接続することが可能であり、二重に廻された長押は、51C型の廻り縁と同じように、空間を実際の寸法以上に大きく見せていた。それらの仕掛けによって将軍の住まいとは思えない極小の空間が、大らかでゆったりとしたものに感じられるのである。応仁の乱のあとの荒廃した日本が、極小の東求堂を生んだ。同じようにして、第二次大戦後の、すべてを失った日本から51C型は生まれた。金閣寺を建てた義満の豪華さの追究と「大きさ」への志向が反転され、この東求堂を境として、日本は新しい時代へ突入していったのである。51C型もまた、日本の反転の端緒となった。その反転は冷戦の同志を育てるためにアメリカから与えられた「上からの」反転ではなく、日本の民衆の住まい方の分析から始まった「下からの」反転であった。

51C型を境として、日本は新しい時代へと突入していった。興味深いことに、東求堂は富と権力の頂点である将軍によって作られ、51C型は官僚と大学の研究者たちの手で作られた。担い手の対照性もまた、時代を象徴しているともいえるだろう。「宰相の建築家」といわれた吉田五十八によってデザインされた吉田茂邸(一九六一)や岸信介邸(一九六九)は、戦後という時代を象徴するものでは全くないと、僕は感じる。戦前の実験精神を失った吉田五十八による、こけおどしの「接客空間」しかそこにはない。それは戦後政治が国家のあり方に対して緊張感のある議論を喪失し、接客へと堕ちていったことを象徴する空間であった。51C型という「貧しい」住宅の「小ささ」と「低さ」の中にこそ、僕は戦後という時代の本当の強さと輝きを感じるのである。

しかし51C型以降の日本の住宅の歩んだ道は、退屈な堕落の坂道でしかなかった。床面積は大きくなり、畳の部屋は失われて天井は高くなり、空間の重心も高くなった。引き戸は古臭いものと見做されて開き戸にとってかわられ、空間は柔軟性とやわらかさを失った。それが、日本が達成したことになっている「豊かさ」というもののさびしい正体だったのである。

建築生産とプレハブ

この「豊かさ」へと向かう戦後の流れに対し、鈴木たちがリードした建築計画学とは別の視点から批判的な視点を持ち続けたのが、僕の学生時代のもうひとりの天敵、内田祥哉であった。

鈴木が生活という視点から建築と人間をつなぎ直そうとしていたとすれば、内田は生産という視点から建築と人間、建築と社会とをつなぎ直そうと考えていた。東大の総長をつとめ、本郷キャンパスのすべてをほぼ一人で設計し、日本建築界のドンと恐れられた大建築家内田《うちだ》祥三《よしかず》（一八八五―一九七二）の子息という出自にもかかわらず、内田は、建築家という存在に対しても、様々な権威的なものに対しても、きわめて批判的な立場を貫き通した。

大学を卒業した一九四七年、内田はまず逓信省の営繕課に加わった。官庁の営繕というのはきわめて地味な職場である。個人の名前で華々しく活躍する西欧的な建築家とは異なり、組織の一員として合理的で経済的な施工方法を探りながら、黙々と日々の設計をこなしていくのが官庁営繕であった。ある意味で、官庁営繕は現代の大工のようであった。

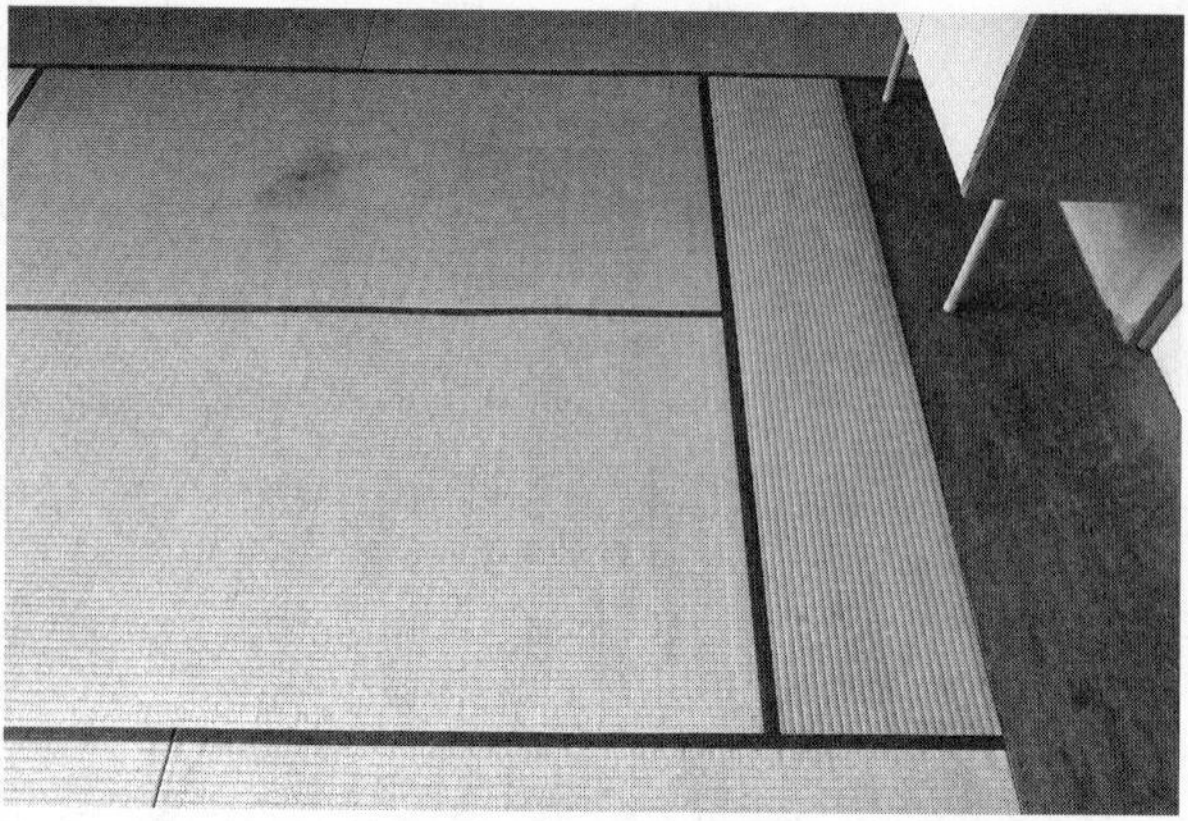

図15　山田自邸のモダンな畳(1959)

当時の日本には、平安時代からの流れを汲む内《ない》匠寮《しょうりょう》、最も大きな予算をにぎる大蔵営繕、そして近代国家が必要とした郵便局や電報電話局などを設計する逓信営繕の三つの官庁営繕部局が存在したが、内田が飛び込んだのは、最も進取の気性に富んだ逓信営繕であった。

戦前の逓信営繕には山田守と吉田《よしだ》鉄郎《てつろう》(一八九四―一九五六)という二人のエースが競い合っていた。山田守は、堀口捨己と共に東大在学中に分離派建築界を立ち上げた早熟の俊英であったが、逓信省に入省し、ドイツ分離派の流れを汲むアーチ形状のファサードの東京中央電信局(一九二五)で建築界を驚かせ、その一方で青山に現存する自邸(一九五九)においては、畳の縁《へり》の重なりを省くために二つの長辺のひとつにだけ縁を付けるという特殊な収まりで、畳にモダンな表情を与える、新し

図 16　東京中央郵便局(吉田鉄郎，1931)

い和洋折衷にも挑戦している(図15)。畳の縁はフラットな床のアクセントとなり、空間の方向性を明示する役割を担っているが、その一方で隣の畳と縁の線が重なった二重になる部分が煩雑に見える点が、モダニズムの抽象化の美学に反すると感じる建築家も多かった。日本の伝統建築と抽象的空間の両立をめざした篠原《しのはら》一男《かずお》(一九二五—二〇〇六)は、そのために縁のない琉球畳を用いたが(から傘の家、一九六一)、山田守の変則畳の試みは、縁の空間指示機能を保存しようとする、より高度な解決である。

一方の吉田鉄郎は、山田の派手さや押し出しを嫌って、一見地味なシルエットの建築の中に豊かな細部を埋め込むことに全力を集中した。僕は東京中央郵便局(一九三一、図16)と京都中央電話局(一九二六)の再生に携わって、共に吉田流のタイルの割り付けの細やかさに圧倒された。東京中央郵便局では、二つの軸を有する敷地形状の複雑さを柱の八角形断面によって見事に解決し、現代の面取りともいえる繊細な表現の意味に気づくことができた。村野がラグナル・エストベリ(一八六六―一九四五)のストックホルム市庁舎のディテールを絶賛したように、吉田鉄郎もまた、ストックホルム市庁舎の中に西欧と日本を折衷するヒントを発見して、その晩年の闘病中に『スウェーデンの建築家』(一九五七)を著している。

逓信営繕の経験の中で内田は、生産という行為に対する敬意が日本の建築のベースになっていることを学んだ。西欧の建築家が生産という行為の上位にいて、その行為をある意味では見下していたのに対し、日本の大工は生産の現場にとどまって、生産という行為の中からデザインのきっかけを得ていたのである。

内田は逓信省から東大に移り、生産という行為からデザインという行為をとらえ直そうと試みた。当時の東大のヒーローであった丹下が、西欧の建築家のごとく高いポジションからデザインを降ろしてきたのとはまったく逆に、生産の現場からデザインを立ち上げようというのが内田の発想であった。

内田がまず着目したのが、プレハブと呼ばれる、工場で生産した新品を現場で短期間で組み立てる合理的な生産方式であった。鈴木成文が51C型で日本の住宅事情の改善を試みたように、内田はプレハブという安価で合理的な生産方式によって、日本の住宅問題を解決しようと試みた。

内田とその弟子たちの力で、日本のプレハブ住宅は工業化住宅における世界のリーダーとなった。戦後の住宅難をプレハブで解決しようとする試みは、第一次大戦の時代から世界のいたるところで繰り広げられたが、日本以上の成功を収めた国はなかった。ヨーロッパでは、コルビュジエのドミノシステム(一九一四)をはじめとしてコンクリートを用いたプレハブ住宅の開発が試みられたが、フレキシビリティに欠け冷たく硬い工業化の表情を持った実験住宅は、人々から支持されなかった。旧ソ連でも住宅不足の解消が国の重要課題であったが、プレハブはもっぱら中高層の団地のために研究・開発が進められ、戸建てではほとんど用いられなかった。

一方アメリカでは、2×4(ツーバイフォー)と呼ばれる一九世紀に生まれた安価な木造のシステムが優勢であり、それを超えるフレキシビリティと価格競争力を持つプレハブ住宅が登場することはなかった。唯一日本で、プレハブ住宅という安価でフレキシブルなシステムが、住宅市場の二〇パーセントを超すような大きな存在感をもつに至ったのである。

しかし、内田らの力で一九七〇年代以降、日本中に増殖し始めたプレハブ住宅は、その初心とはまったく逆に生活を画一化し、貧しくしてしまったのではないか。内田はある頃から、そう感じ始めた。むしろプレハブ住宅によって駆逐されつつある、大工の手による木造住宅——内田は在来木造住宅という言葉をしばしば用いた——の方が、生活に寄り添い、安価で、多様性と柔軟性に満ちているのではないか。

日本の木造建築のフレキシビリティ

内田の後半生は在来木造住宅の復活に捧げられた。僕は幸いなことに、内田がその後半生を歩み始めた頃に、かつて天敵であった内田の研究室に入り、日本の在来木造住宅の魅力とその柔軟性、深い合理性を教わることができた。在来木造住宅の復活は、内田にとって一種の罪滅ぼしのようにも、僕には感じられた。

もちろん内田には罪滅ぼしという言葉から連想される暗さは全くなく、ただただ楽しそうに、無邪気な子供のように、木造の魅力や日本の大工のすごさを語り続けた。一言でいえば、日本の在来木造住宅はモダニズム建築以上に柔軟であり、生活に密着したシステムであり、民主的な建築であることを内田は僕に教えてくれたのである。

ヨーロッパで生まれたモダニズム建築は、上流階級の生活を飾る道具でしかなかった従来の様式建築の、硬直して権威主義的なシステムに対するアンチテーゼであった。民衆の生活に密着したフレキシブルでやわらかなシステムを創造することが、モダニズム建築の出発点であった。そのために選ばれた素材がコンクリートと鉄である。様式的建築を構成していた石や煉瓦に比較して、コンクリートと鉄は、世界のどこでも手に入れることのできる民衆の素材であると、当時の建築家たちは考えた。

しかし内田は、日本の木造建築の方がはるかにフレキシブルであり、いかなる生活にも、いかなる生活の変化にも対応できることを発見したのである。

日本の木造の基本は、身近で手に入りやすい材料で作られることである。コンクリートや鉄のように、セメントや鉄骨を製造する大工場に依存する必要はなく、材料はすべて裏山から取ってくることができた。貴重な太い木材は用いず、裏山でとれた間伐材などの細い木材を巧みに組み合わせることによって、頻発する地震にも耐えうる、強く柔軟な構造体を作り上げてきた。細い木材を組木《くみき》と呼ばれるやわらかなジョイントでつなぎ、木材に加わった地震力を、一種のショックアブゾーバーである組木によって吸収して弱めながら、つながった木材へと伝達するというシステムを、日本人は洗練させていったのである。

日本の大工が金属の釘を極力用いなかったのは、金属が雨の多い日本で錆びやすかったという理由だけではなく、組木がショックアブゾーバーとして機能することを重視したからであった。ロイヤルファミリーの別荘である桂離宮ですら、頼りないほどに細い木材が用いられ、組木のジョイントによって、接合されている。一五〇ミリ以下の断面寸法の細い木材を小径木《しょうけいぼく》と呼ぶが、日本の木造は小径木の木造であると内田は看破した。小径木の木造は、森を丸裸にしない木造、森の資源を循環させる木造であった。先進国では例のない日本の高い森林面積率――七〇パーセント――は、小径木の木造の産物であった。

さらにこの小径木の木造は、竣工後の様々な改変にも容易に対応できるフレキシブルなシステムであった。日本の木造住宅は、襖と障子をスライドすることで空間を様々に変化させることで知られている。コンクリートと違って、間仕切り壁の位置の変更も自由であった。木は自由に切ったり接《つ》いだりすることができる究極のフレキシブルな材料だったのでこのシステムが可能となったのだが、日本人はやわらかく、加工のしやすい木という素材と、障子・襖などのスライディング・パーティションを組み合わせ、フレキシブルなシステムを創造し、時代とともに洗練させていった。

そして一見、耐震性能とは無関係に感じられる障子・襖などの薄く軽い建具も、地震力の吸収においては大きな役割をはたしていることが、最近の研究で明らかになりつつある。日本建築には、西欧的・数学的な構造計算を超えた、やわらかくて曖昧な耐震性能が備わっているのである。

さらに驚くべきことに、日本の木造は和小屋によって、建物を支える最も重要な部材である柱の位置さえも自由に動かすことができた。そこまでのフレキシビリティを持つ建築システムは世界に例がない。

これほどのフレキシビリティは、プレハブ住宅でも達成できていない。規格化された部材のアセンブリーによって生産・施工されるという点では、プレハブ住宅は合理的システムであるといえる。しかし一旦完成した住宅に対して、プレハブメーカーはまるで関心がなかった。

特に日本のプレハブ住宅においては、メーカーそれぞれが個別の構造システムを開発して、個別に性能評価機関から「型式適合認定」と呼ばれる許可を獲得している。そのシステムは完全にブラックボックス化しており、それを、第三者――たとえば街の大工さん――が勝手に変更したり模様替えすることはできない。生産にしか関心がなく、大企業にしかメリットがないという日本の戦後の病をプレハブ住宅も共有していたのである。自分がイニシアティヴをとって始まった日本のプレハブ住宅が、めざしたものとは異なる不自由で閉鎖的なものになってしまったことを、内田はとても残念に思っていた。だからこそ彼は余計に、在来木造住宅の自由と大工のすばらしさを称賛し続け、それを僕に叩き込んだのである。

日本のモデュール

もうひとつ内田が生涯を通じて興味を持ち続けたのは、建築のモデュラーコーディネーションであった。モデュラーコーディネーションも建築のプレハブ化と縁が深い概念で、建築を構成する部材の寸法を規格化（モデュール化）することで、建築の生産を合理化しコストダウンしようという考え方であった。

この考え方自体の起源は、プレハブ化が叫ばれ始めた二〇世紀よりもはるか以前にさかのぼることができる。西欧においては古代ギリシャですでに、石造建築を作るに際してどのような部材寸法で構成すべきかについての数学的ルールが存在し、イオニア式、ドーリス式などの個別の様式それぞれに対応してルールが定められていた。その後、古代ローマの建築家ウィトルウィウスが、その古代ギリシャのルールをさらに整理し、体系化して、『建築書』という書物にまとめ、それは一九世紀まで、ヨーロッパの建築家教育のテキストとして使われるほどの影響を有していた。

それに対応するものとして、中国では、北宋の時代、部材寸法に関する記述も含む総合的な建築書『営造法式』が編纂され、後世にまで大きな影響を与えた。

日本では『建築書』や『営造法式』のような総合的な建築書は作られなかったが、かわりに部材寸法に特化した木割と呼ばれるメモを通じて木造の技能が伝承され、江戸時代の初期に、そのような伝承を体系化した『匠明《しょうめい》』と呼ばれる書物が出版された。以後木造建築のテキストの決定版として広く使われ、実際の木造建築の規格化にも大きな役割を果たした。『匠明』のページをめくると、部材寸法に対して、日本の大工たちがいかに深い関心を抱いていたかを知ることができる。『建築書』も『営造法式』も、建築全体をその美的・社会的役割を含めて総合的に記述したものであるのに対し、日本人は寸法というものに対して、特別な関心を抱き続けてきたことがわかる。

寸法へのその関心は、畳という建築部材の発明とも深い関係があると考えられている。日本建築の構成要素の多くが大陸由来であるのに対し、畳は日本の発明である。起源は縄文時代の土間に敷かれた植物にあるともいわれ、畳の歴史を辿ると、日本人がいかに植物という、やわらかくて香りを有する素材に対して特別な愛着を抱いていたかを知ることができる。ゴザのような敷物であった畳が、平安時代に現在のような四角い形状のマットとなるのだが、当時はまだ部屋の床の一部にクッションあるいは家具のように置かれ、ある種のヒエラルキーを指示する装置として用いられた。その後、静的ヒエラルキーを重んじる貴族社会から武士社会への変化の中で、部屋全体に畳を敷き詰めるという書院造の空間構成が誕生し、それが室町にいたって一般へと普及していったのである。

モダニズム建築の均質空間にも通じるこの変化は、広々として均質なユニヴァーサルスペースを生み出したが、同時にまた、建築の様々な部分の寸法に、日本人の意識を大きく向かわせるきっかけとなった。

置敷きの畳であれば、柱のスパンと畳の寸法とが厳密に一致している必要はない。しかし畳を敷き詰めるとなると、畳の寸法と柱のスパンは連動している必要が生じ、空間全体の寸法の規格化、すなわちモデュラーコーディネーションが、一気に進む。

実際には畳が敷き詰められる前から、日本をはじめとする東アジアには、モデュールの考え方があった。古代の日本は約一・八メートルスパンで柱を建てることが多く、それを一間《いっけん》と呼んで、「柱間三間桁行二《はしらまさんげんけたゆきに》間《けん》」のように、建物のおおよその大きさ、構造システムを記述する慣習ができた。このモデュラーシステムは木造建築と深い関係があり、木という植物の生物的な制約から寸法の規格化という発想が自然に生まれたとも考えられる。コンクリートや鉄のような工業製品にはそのような自然的制約がないので、そのサイズ・スパンは人間サイドの無際限の要求に応じて、歯止めなく増大する。東アジアは木という自然とつながり続けたことで、寸法に対する繊細な感覚を保持し、磨いていくことができた。

その東アジアの中でも、日本はそもそも寸法に対して敏感であった。柱の標準スパンであり、またほぼ人間の身長、すなわち人間の寝床のサイズに等しい単位「一間」は古代中国にも朝鮮半島にも存在せず、日本の発明と考えられている。木という自然、人体という自然と結びつける「間」の概念を創造した古代日本は、その概念を発展させて、同じく一・八メートルを基準寸法とする畳という装置に到達する。さらに畳を敷き詰める方法が中世に生み出されたことで、日本人の寸法に対する意識はさらに高くなり、寸法感覚は洗練されていった。

畳は外形寸法だけではなく、その内部にも「畳の目」と呼ばれる、イグサの編み目を示す小さなモデュールが存在しており、細かな部分にいたるまで寸法に対する繊細な感覚は徹底されていた。京畳の縁から縁までは約六四目という規格が存在する。六四は昔の日本の州の数(六四州)から来たという来歴まで付け足して、「寸法フェチ」の日本人は、寸法による秩序を日常生活の隅々にまで浸透させていったのである。茶道では茶碗・茶杓・棗《なつめ》などの小道具の配置が、この約一五ミリの畳の目のグリッドによってすべて厳密に規定されている。

一方、木造を基本構造としなかった古代ギリシャ・ローマにもモデュールの発想が生まれた理由は、古代ギリシャ建築がそもそも石造ではなく木造であったからとも考えられる。木材資源を使い果たして木材を失った古代ギリシャ人は、手に入りやすかった石材を用いて、木の建築の形態・寸法システムを再現した。その痕跡が、オーダーと呼ばれるモデュラーシステムを生み『建築書』に引き継がれていったのである。

『建築書』の延長線上に、二〇世紀のモダニストたちのモデュールへの関心がある。なかでもコルビュジエは最も強い関心を示し、古代ギリシャ由来の黄金比のシステムと、人体寸法(実際には自分の身長を基準にした)とを結びつけた独創的な寸法体系、モデュロールを生み出し、それに基づいて建築の部材寸法の規格化を推し進めることを提案し、自らの建築でも実践した。

しかし二〇世紀の工業化、プレハブ化を視野に入れて提案されたこれら数多くのモデュラーシステムは、すべて提案レヴェルにとどまってひとつとして実際に普及することはなかった。日本のプレハブ化の中心にいた内田も当然モデュラーシステムには大きな関心を抱き、彼の大学の研究室でも多くの研究が重ねられ、たくさんの試作、実験住宅が作られた。しかしその試行錯誤の末の最終結論は、「日本の在来木造にまさるモデュラーコーディネーションはない」というものだった。

日本の在来木造は「ゆるいモデュラーコーディネーション」であったがゆえに究極のフレキシビリティを獲得できたというのが、内田の発見である。「ゆるさ」のひとつは、その寸法体系が人体寸法の約一・八メートルを基準としながらも、畳に大きめな京間と小さめな江戸間があるように、きわめて曖昧でいい加減であったということである。一方西欧流モデュールは古代の『建築書』からして厳密さが重要視され、コルビュジエもフィボナッチ数列という高度な数学を駆使し、ミリ単位で寸法を確定しようとした。

そこまで厳密に寸法が規定されていると、物質の厚みを処理できなくなってしまう。物と物との隙間を測る内法《うちのり》という方法と外形輪郭を測る外法《そとのり》という方法があり、さらにはある物の中心線から別の物の中心線までの距離で測る芯押えという方法もあって、それらはしばしば混用される。京間の畳は柱の内法寸法を基準とする関西流のモデュールコーディネーションから生まれた大きさで、江戸間は柱と柱の芯押えからきた手法である。物質にはそもそも厚みというものがあるので、このように数学では処理しきれない煩雑で曖昧なことが起きる。いくらモデュールをミリ単位で決めたとしても、それを現実の空間に応用しようとした途端に様々な矛盾が生じて、工業化・合理化どころの騒ぎではなくなってしまう。

しかしだからといって、日本人はモデュラーコーディネーション自体を放棄しようとはしなかった。そこが日本人のしぶとさであった。だいたい一・八メートルくらいという基準寸法さえ共有していれば、建築の設計と施工はプレハブ建築と呼んでいいようなフレキシビリティと合理性を獲得できることを、日本人は知っていたのである。

日本の木造建築のやわらかく柔軟なシステムこそがその驚くべき「ゆるいモデュールシステム」を可能としていた。まず、小径木で構成された日本の木造は、壁も柱も建具もすべてが薄かった。薄く作ることによって厚みによる誤差という宿命から、ある程度自由になれることを日本人は学習したのである。一方、石や煉瓦などの「厚すぎる物質」で構成されたヨーロッパや中国の建築では、内法と外法とのギャップは無視できないほどに大きくなってしまう。

厚みにまつわる問題を解決したもうひとつの秘密は、木がやわらかいということであった。石・煉瓦・コンクリートを現場で加工するのは容易ではない。しかし、木は現場で自由に寸法調整のできるやわらかな物質である。だいたいの寸法の木の部材を現場に持ち込んで、あとはその場で切ったり削ったり押し込んだりと、だましだまし調整していけばいい。

日本の在来木造住宅で好んで使われた素材は、木に限らず、どれもやわらかく調整しやすいものばかりであった。永続性と耐久性を想起させる「硬い」素材を好んだヨーロッパとは、対照的な基準で、日本の建築素材は選ばれていた。

一見硬く、重たく感じられる土壁ですら、日本ではやわらかなものとして扱われていた。木の柱と柱の隙間を最後に埋めるための、固体よりもはるかにやわらかい液体状の泥のペーストが日本の土壁の正体だったのである。土壁は壁ではなく、液体だったのである。

内田は日本建築において、硬さで素材が選ばれ、施工順序も決定したことを力説した。形態の建築論や見た目の建築論には様々に出会ってきたが、硬さを基準として語られる建築論に僕ははじめて出会ったし、他で聞いたこともない。それはある意味で形態ではなく物質そのものを基準とする新しい建築論といっていいかもしれない。

日本建築では、まず硬い素材から施工を始め、そのあとに徐々にやわらかい素材をそこにはめたりはったりしていく。その施工順序によって現場での様々な微調整が可能となり、いい加減にも見えるゆるいモデュラーコーディネーションが、見事に合理的で柔軟なシステムとして機能する。施工の順序という時間軸が内蔵されていることが日本建築を日本建築たらしめているのである。

バブル崩壊と木造との出会い

内田が教えてくれた、小さくてやわらかくてゆるい建築を、僕はすぐに作れたわけではない。それは戦後復興から高度成長へという時代の中で、日本人が失い、日本の建築界が忘れてしまった、一見地味ではあるが、驚くほどに奥が深い方法であった。

その方法を僕自身が身につけ、自分のものとしていくためには、もうひとつの偶然が重ならなければならなかった。それはバブル経済の崩壊という出来事である。

僕が自分の設計事務所を開いたのは一九八六年のバブルに浮き立つ東京で、ディヴェロッパーやアパレル関係の仕事に追われる日々を送った。当時は住宅以外の建物を木で建てようなどと考えるクライアントは皆無だったので、当然のようにすべての建築をコンクリートで建てた。しかし一九九一年、突然にバブルがはじけ、東京での仕事はすべてキャンセルされた。失われた一〇年と呼ばれた九〇年代、結局、東京には一つの建築を建てることもできなかった。

その何も仕事がなくなった僕に、高知と愛媛の県境の町、檮原町《ゆすはらちょう》に遊びにいかないかという誘いがあった。檮原は「土佐のチベット」と呼ばれるような山奥で、南国土佐にあるにもかかわらず、十一月から雪が降るというのである。そこに戦後すぐに建った木造の芝居小屋があって、それが壊されようとしているので見に来てほしいというのである。

空港から四時間かかって辿り着いたその芝居小屋は、想像以上にすばらしい建築であった。

まず木の柱の細さに驚いた。一五〇人収容の劇場空間はそこそこの大空間なのだが、それを支える柱が小さな木造住宅のように華奢で細いのである。内田から日本の木造は小径木の木造だと教えられたが、空間の大きさと見比べるとこれで大丈夫かと心配になるほどの細さである。よくよく眺めれば両脇にある桟敷席に柱を建てて、二列の柱で建物を取り囲む巧みな耐震構造となっていたのだが、細い柱は、古い住宅に案内されたような親密感を与えていた。

二〇〇〇年以降、地球温暖化対策のひとつとして、木の建築を増やそうという動きが世界で活発化したが、住宅よりも大きな建物を木で作るときには、太い集成材を使うのが一般的であり、木造でありながらコンクリート製の柱や梁のようなごつい部材で空間が埋め尽くされる傾向にある。そのような「太い木造」とゆすはら座(一九四六)にあったような「細い木造」「小径木の木造」とは、同じ木造とは思えないほど印象が異なるのである。

天井はフラットな格天井で、勾配屋根とフラットな天井との間の大空間に和小屋を組んで耐震性能を確保するのも、内田に教わったフレキシビリティの高い日本建築ならではの手法であった。床は広々として今時の劇場のような安っぽい椅子は一切なく、年季が入って黒光りしている縁甲板張りで、その上に座布団が散らかっていた。

想像をはるかに超えた木の劇場に出会った後、町長たちと土佐恒例の飲み会になって、僕はこの劇場の価値、素晴らしさに熱弁をふるった。その甲斐あって劇場は取り壊さずに知恵を絞って利用しようということになった。その後、僕の友人の加藤登紀子《かとうときこ》さんや、ヴァイオリニストの澤和樹《さわかずき》さんもこの木の劇場の魅力にはまって、何度もこの山奥の劇場でコンサートを開いている。

その飲み会がきっかけとなって、僕自身が檮原町からトイレと宿泊施設の設計を依頼された。バブル崩壊で、東京の仕事がすべてキャンセルされた後でのはじめての依頼は、とても嬉しかったし、その仕事は、八〇年代のバブル期の「お洒落な」建築とは全く別の充実感と楽しさを与えてくれた。

その充実感とは一言でいえば、もの作りの現場に立ち会えるという楽しさであった。八〇年代の東京では図面をひいて、それをただゼネコンに渡すだけであった。工事が始まると、現場所長という責任者が登場し、彼以外の職人とのコミュニケーションは一切禁じられる。僕と職人とが直接会話して、「ここの収まりのディテールはこうしよう、ああしよう」「この材料は思ったより安っぽいから、あっちを使おう」などと話し始めたら、現場は収集がつかなくなるというのが理由であった。そして唯一会話が許される相手である所長は、スケジュールと工事費にしか関心がない「優秀なマネージャー」なので、収まりや素材に関する相談には一切のってくれない。「先生のデザインはすばらしいのですが、なにぶんこの現場は予算がありません」と慇懃無礼に、現場の職人とのコミュニケーションを拒絶されるのである。

ところが檮原ではまったく逆であった。小さな現場で、職人さんたちが仕事をしている脇に近づいていって、僕は彼らの邪魔をしまくった。「邪魔すんな」と、怒鳴られるのを覚悟の上で声をかけ、質問を浴びせまくった。「ここはなんでこうなってんの？」「ここもっと粗いザラザラした仕上げになんないの？」「ここのエッジ、もっとパキッと切れ味よくできないの？」……。

頭からでなく、モノから考える方法

そこで彼らから教わったことは、僕の一生の宝となった。そこでは単に、建築の施工についての諸々の細かく具体的な知識を身につけることができただけではなかった。自分にしみついてしまった設計の方法論にかかわる、新しい方法論を、檮原の現場で学んだのである。それは「頭で設計する」のではなく、「モノから考える」方法であり、「上からの設計」ではなく「下からの設計」という方法論であった。

その転換は、檮原の建物が木造であったことも深く関係している。山奥にある檮原の主要な産業は林業であり、ゆすはら座も戦後の復興で林業が絶好調の時に、有志が建てた木の建築であった。トイレと宿の設計を頼まれた時、「デザインは任せるけど、檮原の杉の木で建ててくれ」と念を押された。それまでのバブルの数年間、東京ではコンクリートの建築しか建ててこ

なかった。「コンクリート化」が国家目標であった戦後の日本では、コンクリートが上等であり、高級であり、難易度も高いということになっていた。コンクリートの建物を設計できる一級建築士の方がレヴェルが高く、木造しか設計できない二級建築士は低レヴェルと見做されてきた。

しかし僕の経験からいえば、木造設計の方がずっと難しい。コンクリートの建築の場合、建築の外形と壁の位置を決定し、その輪郭線の中に構造設計の専門家の計算通りに鉄筋を並べ、ドロドロした液体状のコンクリートを流し込めば、それがどんな形態をしていても、自動的に強くて密閉性の高い塊ができあがる。それを軀体と呼ぶが、そのがっしりとした軀体の上に、タイルやビニールクロスなどのペラペラの仕上げ材料を、テクスチャー・マッピングと呼ばれるレンダリング手法と同じ要領で貼り付けていけばいいだけである。一級建築士が設計するコンクリートの建物というのは、このように単純で幼稚なシステムでできあがっている。

一方木造の建物は、小さな部材をひとつひとつつなぎ、組み立て、空気や雨が漏れないように、あらゆる隙間をふさいでいかなければならないから、設計には何倍も手間がかかるし、経験も必要となる。内田から、この小さいものを組み合わせるシステムの柔軟性・合理性を教わってはいたが、いざ自分でやるとなると大違いである。檮原から杉で作ってくれといわれた時、正直なところ、大変なことになったとつぶやいた。

しかしそこで木造に挑戦し数々の失敗と苦労を重ねたことで、僕は違う自分に生まれ変わるのを感じた。しかも檮原には、主役である大工さんだけではなく、ごく身近に腕の立つ職人＝先生がたくさんいて、左官屋、竹細工師、建具屋、指物師、畳屋、石屋――彼らとの会話を通じて、自分が習ってきたコンクリート建築が、いかに薄っぺらで底の浅いものであったかを思い知らされた。

日本の木造建築は「躯体」と「仕上げ」というような単純な二分法によって作られているわけではなく、様々な小さなモノたちがお互いにもたれあい助け合いながら、ゆるやかに、物理的に、そして時間的につながっている。それぞれのモノの脇には、そのモノの習性を知り尽くした職人さんが静かに控えていて、そのモノが助け合うとは、すなわち職人たちが助け合い、ゆるやかにつながっているということでもあった。そして職人たちがつながるということは、建築がコミュニティとつながっていて、コミュニティとは切り離せないということである。その関係がゆるやかであるがゆえに、建築は完成後にもゆるやかな結合を保ち続け、その後の様々な生活や経年変化にも柔軟に対応できる。

内田はプレハブ住宅の開発プロセスの中で、建築の柔軟性の問題を徹底的に突き詰めたからこそ、木造住宅の持つこの柔軟性の秘密に到達することができた。僕はこのゆるやかな結合の実際を檮原で体験し、自分もその輪を構成するひとりになることができた。僕もまた、目には見えないその秘密を共有するメンバーになることができたのである。

失われた一〇年と新しい日本

その後の九〇年代は、日本にとって「失われた一〇年」だっただけではなく、僕にとっても、東京の仕事がゼロの「失われた一〇年」であった。しかし、そのおかげで自分には山ほどの自由でゆったりとした時間ができた。その時間を使って檮原で身につけた方法を様々な地方、様々な田舎で実践するチャンスにめぐまれたのである。

その一〇年は僕にとっての転機であっただけではなく、日本という国にとっても大きな転機であった。戦後日本は、冷戦のパートナーを必要とするアメリカ側の事情と、戦後復興の強力なエンジンを必要とする日本側の事情が重なって、「建築」というエンジンを中心として恐るべきスピードで復興をとげ、そのエンジンは経済のみならず、政治・文化すべてを含めた日本社会のエンジンとして機能した。「コンクリート」こそ、そのエンジンの中核に位置していた。

その「コンクリート」を中心とする戦後体制が、バブル経済の崩壊をきっかけにして崩れ、「失われた一〇年」が訪れた。建築は税金の無駄遣いであり、環境破壊の元凶であるとして、様々な建築批判が巻き起こった。「反建築」の声に耳を傾け、その冷たい批判的な空気を背中で感じながら、僕は九〇年代に地方を廻った。今から振り返れば、東京の仕事がなくなったこともラッキーであったし、「反建築」の逆風を強く感じながら仕事をできたことも、僕にとってはラッキーであった。建築の何が問題でどこが嫌われているかを徹底的に考えて、突きつめてみることができたからである。

僕は内田の明るい声を思い出しながら、地方の職人たちとの仕事を精一杯楽しむことで、その状況に立ち向かうことができた。そして職人と地方の素材で作った建築が、地域の人たちに愛されている様子をこの目で確認し、その小さな建築が海外で評価された頃、ようやく自分の方法に対する自信、手応えが芽生えてきた。

その意味で、あの時期に東京の仕事を失い、あの時期に「反建築」の批判にさらされたことは、まったく絶妙なタイミングであり、幸運であったという他ない。地方をさまよって、会ったことのない人と出会った結果、僕はやっと日本建築というものに出会ったわけである。まさに出会えたという表現にふさわしいほどに、日本建築は新鮮であり、未来的であった。死体でも骨董でもなかった。その弱さと小ささとゆるさを武器として、人間を抑圧する二〇世紀という時代と、決定的に対決しようと決意したのである。

おわりに

八年かけて、この一冊の本を書き上げた。日本の建築という長くて深い歴史を前にして、エッセイのようなものですませたくはなかった。ひとつの大きな歴史観のようなものを手にすることができるまで、歩き回り、考え続けたので、これだけの時間がかかった。

従来の日本建築史の退屈は、二項対立にあると感じた。西欧発の「新しい」モダニズムvs.「古い」日本建築の対立、あるいは「正しくピュアな」日本建築vs.「装飾的で間違った」日本建築という対立はどちらも退屈で、その奥にあるのはモダニズム建築の根底に存在する、西欧的で独善的な排他主義である。シングルラインの日本建築史観が、モダニズムの排他主義によって増殖され、日本建築にかかわる議論を一層貧しくしてしまったのである。

その二項対立にかわるパースペクティヴとして立ち現れてきたのは、複数の主体、地域、階級の闘争と対立とによって生成された、多様性をはらんでダイナミックな日本建築史である。それは日本人だけによって作られてきたものでもなく、日本の内外で対角線的に影響が交錯する、開かれた歴史であった。

一方この閉じた小さな国土の中で磨かれることによって、日本建築は他の場所の建築様式にはない、高度な洗練と精度を獲得し、世界を魅了するクオリティを達成した。しかしそれは磨き上げるプロセスであると同時に、閉じて、排除するプロセスであり、マチズムやセクショナリズムと一体であった。

この磨きあげる流れが煮詰まって、息が詰まりかけた時、外部（外国人）が穴をあけ、次の展開をもたらした。大仏様、禅宗様、数寄屋からして、すでにその穿孔作業と捉えることもできるし、外国人の批判的参加がなければ明治以降の刺激的な和風建築は存在しなかった。戦後には冷戦とマルキシズムが日本建築を大きく揺さぶった。

さらにそこに地震・津波・台風といった様々な自然災害が繰り返しおそいかかった。自然災害もまた、その閉じて濃縮されていくプロセスを変調させる役割を果たした。

この当の僕自身が、実際に近年頻発した自然災害によって大きく揺さぶられ、また共に作り、働く外国人のクライアントやスタッフから、様々な刺激をもらって、自分の「日本建築」が変化していくのを感じた。

その結果として僕の中に生まれた社会生活と民衆に関する関心においては、そのフィールドを研究対象としてきた篠原聡子から多くを教示され、岩波書店の松本佳代子からのアドバイスと励ましは八年間の思考の持続を可能としてくれた。アトリエの稲葉麻里子からは、いつもの著作と同様に整理、編集で大変世話になった。これらの女性たちのおかげで、閉じたマチズムから自由な、日本建築論ができあがった。

二〇二三年十月

隈　研吾

主要参考文献

第I章

・タウト

『日本美の再発見 増補改訳版』篠田英雄訳，岩波新書，1962.
Manfred Speidel(Hrsg.), *Bruno Taut in Japan DAS TAGEBUCH ERSTER BAND 1933* Gebr. Mann Verlag Klaus, 2013.(『日本――タウトの日記 1933年』篠田英雄訳，岩波書店，1975.)

・桂離宮と石元泰博

藤岡通夫『京都御所』中央公論美術出版，1967.
ワルター・グロピウス，丹下健三，石元泰博『桂 KATSURA――日本建築における傳統と創造』造型社，1960.
丹下健三，石元泰博『桂――日本建築における傳統と創造』中央公論社，1971.
磯崎新，熊倉功夫，佐藤理解説，石元泰博『桂離宮――空間と形』岩波書店，1983.
磯崎新，日埜直彦聞き手「「桂」／タウト――重層的なテクストとしての」『10＋1』42号，2006年3月.
石元泰博「著書の解題――10『KATSURA』・『桂』・『桂離宮』」『INAX REPORT』176号，2008年10月.

・丹下健三

「大東亜建設記念営造計画」「忠霊神域計画主旨」『建築雑誌』693号，1942年12月.
『一本の鉛筆から』日本経済新聞社，1985.
豊川斎赫編『丹下健三建築論集』岩波文庫，2021.
同『丹下健三都市論集』岩波文庫，2021.
丹下健三，藤森照信『丹下健三』新建築社，2002.
香川県庁舎50周年記念プロジェクトチーム企画『香川県庁舎50』ROOTS BOOKS，2009.
『丹下健三 伝統と創造――瀬戸内から世界へ』北川フラム監修，

美術出版社，2013.
豊川斎赫編『丹下健三と KENZO TANGE』オーム社，2013.
豊川斎赫『丹下健三 戦後日本の構想者』岩波新書，2016.
丹下都市建築設計公式サイト https://www.tangeweb.com/history/（2023 年 11 月閲覧）.

第Ⅱ章

・ライト

『自然の家』富岡義人訳，ちくま学芸文庫，2010.
ケヴィン・ニュート『フランク・ロイド・ライトと日本文化』大木順子訳，鹿島出版会，1997.
マーゴ・スタイプ『フランク・ロイド・ライト・ポートフォリオ――素顔の肖像，作品の真実』隈研吾監修，酒井泰介訳，講談社，2007.
ジョン・ピーター『近代建築の証言』小川次郎，小山光，繁昌朗訳，TOTO 出版，2001.
富岡義人「生誕 150 年 フランク・ロイド・ライトの今日的意義」『近代建築』2017 年 6-8 月号.

・藤井厚二

藤井厚二研究会監修『藤井厚二建築著作集 第 1 巻 日本の住宅（自筆原稿）』ゆまに書房，2020.
同『藤井厚二建築著作集 第 2 巻 聴竹居図案集／続聴竹居図案集』ゆまに書房，2020.
同『藤井厚二建築著作集 第 3 巻 聴竹居作品集 2／鉄筋混凝土の住宅』ゆまに書房，2020.
同『藤井厚二建築著作集 第 4 巻 スケッチブック 1・2』ゆまに書房，2020.
同『藤井厚二建築著作集 第 7 巻 藤井厚二欧米視察日記』ゆまに書房，2021.
同『藤井厚二建築著作集 第 8 巻 住宅に就いて』ゆまに書房，2021.

同『藤井厚二建築著作集 第 9 巻 THE JAPANESE DWELLING-HOUSE』ゆまに書房，2021.
同『藤井厚二建築著作集 第 10 巻 藤井厚二著作・関係文献選集』ゆまに書房，2021.
同『藤井厚二建築著作集 補巻 2 翻刻 住宅に就いて／翻訳 THE JAPANESE DWELLING-HOUSE／解説』ゆまに書房，2022.
松隈章，古川泰造『聴竹居——藤井厚二の木造モダニズム建築』平凡社コロナブックス，2015.
松隈章『木造モダニズム建築の傑作 聴竹居——発見と再生の 22 年』ぴあ，2018.

・堀口捨己

堀口捨己『草庭——建物と茶の湯の研究』筑摩叢書，1968.
『建築論叢』鹿島出版会，1978.
『堀口捨己作品・家と庭の空間構成』鹿島出版会，1978.
藤岡洋保編『堀口捨己建築論集』岩波文庫，2023.
「大礼記念国産振興東京博覧会を見て感想二題」『日本建築士』1928 年 5, 6 月号.
藤岡洋保『表現者・堀口捨己——総合芸術の探求』中央公論美術出版，2009.
同「昭和初期の日本の建築界における「日本的なもの」——合理主義の建築家による新しい伝統理解」『日本建築学会計画系論文報告集』412 号，1990 年 6 月.
同「表現者・堀口捨己——総合芸術の探求」，10＋1website「特集 建築家とは何か——堀口捨己，神代雄一郎の問い」2013 年 6 月．https://www.10plus1.jp/monthly/2013/06/issue02.php（2023 年 11 月閲覧）
磯崎新，日埜直彦聞き手「堀口捨己 モダニズムから「日本的なもの」への転回」『10＋1』43 号，2006 年 7 月.

第 III 章
・吉田五十八
『饒舌抄』新建築社，1980／中公文庫，2016.
栗田勇監修『現代日本建築家全集 3 吉田五十八』三一書房，1974.
吉田五十八建築展実行委員会，東京藝術大学美術学部建築科編『吉田五十八 建築展』財団法人芸術研究振興財団，1993.
吉田五十八作品集編集委員会編『吉田五十八作品集』新建築社，1976.
砂川幸雄『建築家吉田五十八』晶文社，1991.
藤森照信，田野倉徹也『五十八さんの数寄屋』鹿島出版会，2020.
・村野藤吾
栗田勇監修『現代日本建築家全集 2 村野藤吾』三一書房，1971.
和風建築社編『村野藤吾 和風建築作品詳細図集 1 住宅編』建築資料研究社，1986.
同『村野藤吾 和風建築作品詳細図集 2 ホテルの和風建築』建築資料研究社，1986.
神子久忠編『村野藤吾著作集 全一巻』鹿島出版会，2008.
村野敦子編『ある日の村野藤吾——建築家の日記と知人への手紙』六耀社，2008.
茶道資料館監修『裏千家 今日庵の茶室建築』淡交社，2022.
松隈洋「村野藤吾のヒューマニズム建築思想——日本橋髙島屋と村野藤吾の建築について」https://www.takashimaya.co.jp/base/pc/shiryokan/tokyo/pdf/arc_vol001_sem06.pdf（2023 年 11 月閲覧）
・レーモンド
『私と日本建築』SD 選書，1967.
『自伝アントニン・レーモンド』三沢浩訳，鹿島出版会，1970.
三沢浩『アントニン・レーモンドの建築』SD 選書，2007.
栗田勇監修『現代日本建築家全集 1 アントニン・レーモンド』三一書房，1971.

『アントニン・レーモンド』JA，1999年春号.
住田常生，小谷竜介，大村理恵子編著『モダンデザインが結ぶ暮らしの夢』Opa Press，2019.

第Ⅳ章

・西山夘三

『現代の建築』岩波新書，1956.
『日本のすまいⅠ』勁草書房，1975.

・鈴木成文

『住まい学大系101 51C白書 私の建築計画学戦後史』住まいの図書館出版局，2006.
『住まいを語る――体験記述による日本住居現代史』建築資料研究社，2002.

・内田祥哉

『ディテールで語る建築』彰国社，2018.
『プレファブ――近代建築の主役』講談社ブルーバックス，1968.
『建築構法 第5版』市ヶ谷出版社，2007.
『日本の伝統建築の構法――柔軟性と寿命』市ヶ谷出版社，2009.
権藤智之，戸田穣編『内田祥哉は語る』鹿島出版会，2022.

その他

芦原義信『東京の美学――混沌と秩序』岩波新書，1994.
五十嵐太郎『日本建築入門――近代と伝統』ちくま新書，2016.
磯崎新，藤森照信『磯崎新と藤森照信の茶席建築談義』六耀社，2015.
井上章一『戦時下日本の建築家――アート・キッチュ・ジャパネスク』朝日選書，1995.
同『つくられた桂離宮神話』講談社学術文庫，1997.
同『伊勢神宮と日本美』講談社学術文庫，2013.
井上充夫『日本建築の空間』SD選書，1969.
今里隆『屋根の日本建築』NHK出版，2014.

同『次世代に活きる日本建築』市ヶ谷出版社，2015.
海野聡『建物が語る日本の歴史』吉川弘文館，2018.
同『森と木と建築の日本史』岩波新書，2022.
岡倉覚三『茶の本 改版』村岡博訳，岩波文庫，1961.
唐木順三『千利休』筑摩叢書，1963.
キーン，ドナルド『日本人の美意識』金関寿夫訳，中公文庫，1999.
隈研吾『くまの根――隈研吾・東大最終講義 10の対話』東京大学出版会，2021.
子安宣邦『本居宣長』岩波新書，1992.
坂本功『木造建築を見直す』岩波新書，2000.
塩野米松『手業に学べ 技』ちくま文庫，2011.
鈴木博之『近代建築論講義』東京大学出版会，2009.
同『シリーズ日本の近代 都市へ』中公文庫，2012.
同『建築 未来への遺産』伊藤毅編，東京大学出版会，2017.
瀬田勝哉『木の語る中世』朝日選書，2000.
出口顯『レヴィ＝ストロース――まなざしの構造主義』河出ブックス，2012.
西岡常一，小川三夫，塩野米松『木のいのち木のこころ 天・地・人』新潮文庫，2005.
西川祐子『住まいと家族をめぐる物語――男の家，女の家，性別のない部屋』集英社新書，2004.
原田多加司『屋根の日本史――職人が案内する古建築の魅力』中公新書，2004.
同『ものと人間の文化史 112 屋根――檜皮葺と杮葺』法政大学出版局，2003.
平井聖『対訳 日本人の住まい』市ヶ谷出版社，1998.
藤岡通夫，桐敷真次郎，河東義之，渡辺保忠，平井聖，齊藤哲也『建築史 増補改訂版』市ヶ谷出版社，2010.
藤田治彦，川島智生，石川祐一，濱田琢司，猪谷聡『民芸運動と建築』淡交社，2010.

藤原義一『増補 日本古建築図録』(上下)京都書院，1960, 1966.
同『京都の古建築』京都叢書，1946.
藤森照信『日本の近代建築』(上下)岩波新書，1993.
同『フジモリ式建築入門』ちくまプリマー新書，2011.
藤森照信，内田祥士，大嶋信道，入江雅昭，柴田真秀，西山英夫，桑原裕彰『藤森流 自然素材の使い方』彰国社，2005.
藤森照信，大嶋信道編『藤森先生茶室指南』彰国社，2016.
藤森照信，山口晃『日本建築集中講義』中公文庫，2021.
ブリーン，ジョン『神都物語——伊勢神宮の近現代史』吉川弘文館，2015.
室井綽『ものと人間の文化史 10 竹』法政大学出版局，1973.
森郁夫『ものと人間の文化史 163 柱』法政大学出版局，2013.
同『ものと人間の文化史 100 瓦』法政大学出版局，2001.
柳宗悦『茶と美』講談社学術文庫，2000.
山田幸一『ものと人間の文化史 45 壁』法政大学出版局，1981.
吉田鉄郎『建築家・吉田鉄郎の『日本の住宅』』近江榮監修，向井覚，大川三雄，田所辰之助訳，SD 選書，2002.
同『建築家・吉田鉄郎の『日本の建築』』薬師寺厚訳，伊藤ていじ註解，SD 選書，2003.
同『建築家・吉田鉄郎の『日本の庭園』』近江榮監修，大川三雄，田所辰之助訳，SD 選書，2005.
吉田伸之『都市——江戸に生きる シリーズ日本近世史④』岩波新書，2015.
吉見俊哉『ポスト戦後社会 シリーズ日本近現代史⑨』岩波新書，2009.
ラムスター，マーク『評伝フィリップ・ジョンソン——20 世紀建築の黒幕』横手義洋監修，松井健太訳，左右社，2020.

図版一覧

クレジットの記載のないものはパブリックドメイン他である．敬称は略した．

1942年12月号.

図17　「東京計画1960」　丹下都市建築設計公式サイト(https://www.tangeweb.com/works/works_no-22/)より.

図18　伊勢神宮　『日本美の再発見 増補改訳版』(岩波新書, 1962)より.

図19　旧日向別邸　Deutschen Werkbund Berlin(Hrsg.), *Bruno Taut: Visionär und Weltbürger.*

第Ⅱ章

図1　ライト

図2　鳳凰殿

図3　「大はしあたけの夕立」

図4　帝国ホテル

図5　ロビー邸　CC license, Lykantrop(2007).

図6　ヴァスムート・ポートフォリオとリトグラフ　Courtesy of Douglas M. Steiner, Edmonds, Washington, USA.

図7　コルビュジエ

図8　ミース

図9　グロピウス　ハンス・G・コンラッド撮影

図10　ベーレンス

図11　復元されたバルセロナ・パヴィリオン　CC license, Hans Peter Schaefer(2002).

図12　クリスタル・パレス

図13　フランス, ル・アーヴルの街並み　CC license, Erik Levilly(2006).

図14　藤井厚二　藤井家提供.

図15　聴竹居　古川泰造撮影, 竹中工務店提供.

図16　聴竹居, 南側のファサード　松隈章撮影, 竹中工務店提供.

図17　聴竹居, 扇形の木製の棚板　同上.

図18　堀口捨己　堀口家提供.

図19　**パーク・メールウクの住居**　『建築論叢』(鹿島出版会, 1978)より.

図20　**紫烟荘**　藤森照信『日本の近代建築』(下)(岩波新書, 1993)より.

図21　**博覧会出品「民藝館」**　日本民藝館蔵・提供.

第Ⅲ章

図1　**吉田五十八**　『吉田五十八建築展』図録(東京藝術大学藝術資料館, 1993)より.

図2　**村野藤吾**

図3　**岡田信一郎**

図4　**旧猪股邸の引き込み建具**　『吉田五十八建築展』図録より.

図5　**東山旧岸邸の大壁造**　東山旧岸邸提供.

図6　**ストックホルム市庁舎**　CC license, Arild Vågen(2011).

図7　**新高輪プリンスホテル**　市川靖史撮影.

図8　**桂離宮**

図9　**佳水園**　市川靖史撮影.

図10　**第四期歌舞伎座**　株式会社歌舞伎座提供.

図11　**第三期歌舞伎座**　同上.

図12　**第四期歌舞伎座の傾斜天井**　同上.

図13　**第三期歌舞伎座の格天井**　同上.

図14　**明治生命館**　CC license, Wiiii(2008).

図15　**新歌舞伎座**　市川靖史撮影.

図16　**捻子連子窓**　『重要文化財 第15巻 建造物Ⅳ』(文化庁監修, 毎日新聞社, 1974)より.

図17　**吉田が好んだ, 面取りまでが柾目の柱**　東山旧岸邸提供.

図18　**待庵**　京都, 妙喜庵／便利堂提供.

図19　**モダン・アーキテクチャー展, カタログ**

図20　**日本生命日比谷ビル**　CC license, Wiiii(2008).

図21　**箱根プリンスホテル**　MURANO design ©Abalos Murano Atsuko.

図22　**岸記念体育館**　『日本の近代建築』(下)より.
図23　**広島平和記念資料館本館と空中回廊でつながる東館**　CC license, Taisyo(2008).
図24　**東京都庁**　CC license, Morio(2003).
図25　**千代田生命本社ビル，茶庭と茶室**　新良太撮影，目黒区美術館提供.
図26　**千代田生命本社ビル，池に面したモダンな障子(現しじゅうからの間)**　同上.
図27　**増改築された日本橋高島屋**　市川靖史撮影.
図28　**迎賓館，小さな守衛所**　市川靖史撮影.
図29　**レーモンド**
図30　**又隠の楊枝柱**　小笠原敏孝撮影，裏千家提供.
図31　**ペリアン**
図32　**「ペリアン女史 日本創作品展覧会 2601年住宅内部装備への一示唆 選擇 傳統 創造」展東京会場**　『シャルロット・ペリアンと日本』カタログ(鹿島出版会，2011)より.
図33　**レーモンド自邸**　撮影者不明，レーモンド設計事務所提供.
図34　**レーモンド自邸内部**　同上.
図35　**枓栱(部分)**　CC license, Naokijp(2023).
図36　**香川県庁舎(部分)**　CC license, Nakaful(2006).
図37　**軽井沢の夏の家**　『アントニン・レイモンド作品集 1920-1935』(城南書院，1936)より.
図38　**エラズリス邸案**　ギャルリー・タイセイ公式サイトを参考に作図.
図39　**なだ万本店，山茶花荘**　畑亮撮影.
図40　**井上房一郎邸の孔**　高崎市美術館提供.

第Ⅳ章
図1　**吉村順三**
図2　**松風荘**　『建築の日本展』カタログより.

図3　光浄院　松村芳治撮影.

図4　笑意軒連子窓　高知県，石元泰博フォトセンター.

図5　丹下健三　CC license, Hans van Dijk(1981).

図6　丹下自邸

図7　自邸前の築山

図8　二種類の寸法の畳　模型断面図，模型平面図ともに，野口直人作図.

図9　竿縁天井　『新建築 建築20世紀 PART1』(鈴木博之，中川武，藤森照信，隈研吾監修，1991年1月臨時増刊号)より.

図10　国立代々木競技場　CC license, Rs1421(2012).

図11　ロンシャンの礼拝堂　CC license, Valueyou(2003).

図12　西山夘三　NPO法人西山夘三記念すまい・まちづくり文庫提供.

図13　吉武研究室による原案平面「51C-N」　鈴木成文『住まい学大系101 51C白書 私の建築計画学戦後史』(住まいの図書館出版局，2006)より.

図14　51C型住宅の後につくられたURの蓮根団地　「団地R不動産」公式サイト https://www.realdanchiestate.jp/page_id=458.

図15　山田自邸の畳　藤岡洋保提供.

図16　東京中央郵便局　Manfred Speidel(Hrsg.), *Bruno Taut in Japan DAS TAGEBUCH ERSTER BAND 1933* Gebr. Mann Verlag Klaus, 2013.

隈 研吾

1954年，神奈川県生まれ．東京大学大学院建築学専攻修了．コロンビア大学建築・都市計画学科客員研究員などを経て，1990年，隈研吾建築都市設計事務所設立．

現在，東京大学特別教授，名誉教授．

著書に『負ける建築』『小さな建築』『点・線・面』『対談集 つなぐ建築』(岩波書店)のほか，『場所原論』(市ヶ谷出版社，全2冊)，『建築家，走る』『ひとの住処 1964-2020』(新潮社)，『隈研吾作品集 2006-2012』『隈研吾作品集 2013-2020』(A. D. A. EDITA Tokyo)，『新・建築入門』(筑摩書房)，『東京 TOKYO』(KADOKAWA)，『くまの根――隈研吾・東大最終講義』(共著，東京大学出版会)など多数．海外での翻訳出版も続いている．

日本の建築　　岩波新書(新赤版)1995

2023年11月29日　第1刷発行
2024年10月15日　第3刷発行

著　者　隈《くま》 研《けん》吾《ご》

発行者　坂本政謙

発行所　株式会社 岩波書店
〒101-8002 東京都千代田区一ツ橋2-5-5
案内 03-5210-4000　営業部 03-5210-4111
https://www.iwanami.co.jp/

新書編集部 03-5210-4054
https://www.iwanami.co.jp/sin/

印刷・三陽社　カバー・半七印刷　製本・中永製本

ISBN 978-4-00-431995-5　　Printed in Japan

岩波新書新赤版一〇〇〇点に際して

ひとつの時代が終わったと言われて久しい。だが、その先にいかなる時代を展望するのか、私たちはその輪郭すら描きえていない。二〇世紀から持ち越した課題の多くは、未だ解決の緒を見つけることのできないままであり、二一世紀が新たに招きよせた問題も少なくない。グローバル資本主義の浸透、憎悪の連鎖、暴力の応酬――世界は混沌として深い不安の只中にある。

現代社会においては変化が常態となり、速さと新しさに絶対的な価値が与えられた。消費社会の深化と情報技術の革命は、種々の境界を無くし、人々の生活やコミュニケーションの様式を根底から変容させてきた。ライフスタイルは多様化し、一面では個人の生き方をそれぞれが選びとる時代が始まっている。同時に、新たな格差が生まれ、様々な次元での亀裂や分断が深まっている。社会や歴史に対する意識が揺らぎ、普遍的な理念に対する根本的な懐疑や、現実を変えることへの無力感がひそかに根を張りつつある。そして生きることに誰もが困難を覚える時代が到来している。

しかし、日常生活のそれぞれの場で、自由と民主主義を獲得し実践することを通じて、私たち自身がそうした閉塞を乗り超え、希望の時代の幕開けを告げてゆくことは不可能ではあるまい。そのために、いま求められていること――それは、個と個の間で開かれた対話を積み重ねながら、人間らしく生きることの条件について一人ひとりが粘り強く思考することではないか。その営みの糧となるものが、教養に外ならないと私たちは考える。歴史とは何か、よく生きるとはいかなることか、世界そして人間はどこへ向かうべきなのか――こうした根源的な問いとの格闘が、文化と知の厚みを作り出し、個人と社会を支える基盤としての教養となった。まさにそのような教養への道案内こそ、岩波新書が創刊以来、追求してきたことである。

岩波新書は、日中戦争下の一九三八年一一月に赤版として創刊された。創刊の辞は、道義の精神に則らない日本の行動を憂慮し、批判的精神と良心的行動の欠如を戒めつつ、現代人の現代的教養を刊行の目的とする、と謳っている。以後、青版、黄版、新赤版と装いを改めながら、合計二五〇〇点余りを世に問うてきた。そして、いままた新赤版が一〇〇〇点を迎えたのを機に、人間の理性と良心への信頼を再確認し、それに裏打ちされた文化を培っていく決意を込めて、新しい装丁のもとに再出発したいと思う。一冊一冊から吹き出す新風が一人でも多くの読者の許に届くこと、そして希望ある時代への想像力を豊かにかき立てることを切に願う。

（二〇〇六年四月）